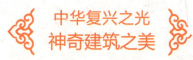
中华复兴之光
神奇建筑之美

御苑非凡胜景

胡元斌 主编

汕頭大學出版社

图书在版编目（CIP）数据

御苑非凡胜景 / 胡元斌主编. -- 汕头 ：汕头大学
出版社，2017.1（2023.8重印）
　　（神奇建筑之美）
　　ISBN 978-7-5658-2894-2

　　Ⅰ．①御… Ⅱ．①胡… Ⅲ．①古典园林—介绍—中国
Ⅳ．①K928.73

　　中国版本图书馆CIP数据核字(2016)第325479号

御苑非凡胜景　　　　　　　　　YUYUANFEIFANSHENGJING

主　　编：胡元斌
责任编辑：宋倩倩
责任技编：黄东生
封面设计：大华文苑
出版发行：汕头大学出版社
　　　　　广东省汕头市大学路243号汕头大学校园内　邮政编码：515063
电　　话：0754-82904613
印　　刷：三河市嵩川印刷有限公司
开　　本：690mm×960mm 1/16
印　　张：8
字　　数：98千字
版　　次：2017年1月第1版
印　　次：2023年8月第4次印刷
定　　价：39.80元
ISBN 978-7-5658-2894-2

前　言

党的十八大报告指出："把生态文明建设放在突出地位，融入经济建设、政治建设、文化建设、社会建设各方面和全过程，努力建设美丽中国，实现中华民族永续发展。"

可见，美丽中国，是环境之美、时代之美、生活之美、社会之美、百姓之美的总和。生态文明与美丽中国紧密相连，建设美丽中国，其核心就是要按照生态文明要求，通过生态、经济、政治、文化以及社会建设，实现生态良好、经济繁荣、政治和谐以及人民幸福。

悠久的中华文明历史，从来就蕴含着深刻的发展智慧，其中一个重要特征就是强调人与自然的和谐统一，就是把我们人类看作自然世界的和谐组成部分。在新的时期，我们提出尊重自然、顺应自然、保护自然，这是对中华文明的大力弘扬，我们要用勤劳智慧的双手建设美丽中国，实现我们民族永续发展的中国梦想。

因此，美丽中国不仅表现在江山如此多娇方面，更表现在丰富的大美文化内涵方面。中华大地孕育了中华文化，中华文化是中华大地之魂，二者完美地结合，铸就了真正的美丽中国。中华文化源远流长，滚滚黄河、滔滔长江，是最直接的源头。这两大文化浪涛经过千百年冲刷洗礼和不断交流、融合以及沉淀，最终形成了求同存异、兼收并蓄的最辉煌最灿烂的中华文明。

五千年来，薪火相传，一脉相承，伟大的中华文化是世界上唯一绵延不绝而从没中断的古老文化，并始终充满了生机与活力，其根本的原因在于具有强大的包容性和广博性，并充分展现了顽强的生命力和神奇的文化奇观。中华文化的力量，已经深深熔铸到我们的生命力、创造力和凝聚力中，是我们民族的基因。中华民族的精神，也已深深植根于绵延数千年的优秀文化传统之中，是我们的根和魂。

　　中国文化博大精深，是中华各族人民五千年来创造、传承下来的物质文明和精神文明的总和，其内容包罗万象，浩若星汉，具有很强文化纵深，蕴含丰富宝藏。传承和弘扬优秀民族文化传统，保护民族文化遗产，建设更加优秀的新的中华文化，这是建设美丽中国的根本。

　　总之，要建设美丽的中国，实现中华文化伟大复兴，首先要站在传统文化前沿，薪火相传，一脉相承，宏扬和发展五千年来优秀的、光明的、先进的、科学的、文明的和自豪的文化，融合古今中外一切文化精华，构建具有中国特色的现代民族文化，向世界和未来展示中华民族的文化力量、文化价值与文化风采，让美丽中国更加辉煌出彩。

　　为此，在有关部门和专家指导下，我们收集整理了大量古今资料和最新研究成果，特别编撰了本套大型丛书。主要包括万里锦绣河山、悠久文明历史、独特地域风采、深厚建筑古蕴、名胜古迹奇观、珍贵物宝天华、博大精深汉语、千秋辉煌美术、绝美歌舞戏剧、淳朴民风习俗等，充分显示了美丽中国的中华民族厚重文化底蕴和强大民族凝聚力，具有极强系统性、广博性和规模性。

　　本套丛书唯美展现，美不胜收，语言通俗，图文并茂，形象直观，古风古雅，具有很强可读性、欣赏性和知识性，能够让广大读者全面感受到美丽中国丰富内涵的方方面面，能够增强民族自尊心和文化自豪感，并能很好继承和弘扬中华文化，创造未来中国特色的先进民族文化，引领中华民族走向伟大复兴，实现建设美丽中国的伟大梦想。

目 录

慈宁宫花园

畅春园

景山公园

　　景山公园，地处于北京城中轴线最高点、故宫博物院的北侧，是一座环境优美的皇家园林，为元、明、清三代的御苑。

　　公园占地面积23万平方米，园内松柏葱郁，古树参天，登高远眺，可俯瞰全城。

　　作为皇城宫苑园林，景山从辽代堆山，金代建园，逐步成为北京城南北轴线的中心。明清两代，先后对景山进行了大规模建设，使景山逐步形成了优美而独特的园林景观。景山基本上保持着乾隆盛世时的园林风貌，故称景山为皇宫屏障、都市中的山林。

土丘之上的风水宝地

　　在远古时期，发源于山西桑乾河的永定河，在河北省纳源于内蒙古高原的洋河，流经北京和天津之后进入海河，最终注入渤海。

　　永定河河道南迁之后，河床上留下两个较大的土丘，周边是原野和河塘。这里山清水秀，渔舟穿梭，成为古幽州的一块风水宝地。

　　辽代时，幽州被定为南京。辽太宗耶律德光在北海建造了瑶屿行宫，并将开挖的北海的泥土，分别堆叠在了河床上的这两个较大的土

丘之上。

1179年，金章宗完颜璟在河床的南侧建立了太宁宫，并开凿西华潭，也就是后来的北海，余土堆砌在瑶屿行宫旁边的土丘上，并建成了一座皇家苑囿，称为"北苑"。

1267年，忽必烈营建大都，土丘一带正处于大都城的中心和皇宫的核心建筑延春阁以北，因而被辟为专供皇帝游赏的"后苑"，规划为皇城的重要组成部分。当时，土丘被称为"青山"。

在我国古代社会中，皇帝就是万民之主，在重农抑商的思想影响下，皇帝也要以身作则，亲自参与农耕生产，皇帝身先士卒，普通百姓当然就会深受鼓舞。在"后苑"内有上好的耕地80000平方米。元代皇帝曾在此躬耕，以昭示天下。

很快，皇帝躬耕的粮食成熟了，为了放置这些粮食就建造了兴庆阁。

兴庆阁是采用黄琉璃筒瓦绿剪边的重楼，四角为攒尖顶，面宽三间，进深三间，上层四周带木回廊。底楼为砖石结构，东西两侧均有石券门。

　　兴庆阁中并没有阶梯，如果想要上回廊，就必须在阁外搭梯子才行。兴庆阁的墙壁很厚，是我国古代皇家粮仓的特殊形式。

　　我国的传统文化特别讲究好事成双，在建筑上也不例外，集祥阁和兴庆阁一样，就是作为一对皇家粮仓的身份而被建立起来的。

　　集祥阁在外形上和兴庆阁几乎如出一辙，都是面宽三间，进深三间，上层四周带木制的回廊。底楼为砖石结构，东西两侧均有石券门，都没有楼梯。此后，又不遗余力在山上种植了大量的桧柏。

　　到了明朝朱元璋统治初期，工部郎中萧洵参与拆毁了元故宫，亲自游览后苑景色以及金殿、翠殿、花亭和毡阁等建筑。

　　永乐年间，明成祖朱棣在北京大规模地营建城池、宫殿和园林。依据"青龙、白虎、朱雀、玄武，天之四灵，以正四方"的说法，紫禁城之北是玄武之位，当有山。

于是将挖掘紫禁城筒子河、太液和南海的泥土堆积在"青山"，形成了五座山峰，称之为"万岁山"，又称"镇山"，以镇压元朝的"王气"。

明初，皇帝一方面为了冬季取暖方便，另一方面，为了防备元朝残部围困北京而引起燃料短缺，于是就选择在离皇宫最近的镇山堆煤，因此该山又称为"煤山"。另据明代嘉靖年间的《北京城宫殿之图》，这里又名"梓金山"。

山下种满了果树，通称"百果园"或"北果园"，随后在山的东北角又建造了寿皇殿等殿台，以供皇帝登高、赏花、饮宴和射箭之用。

园内东北面的观德殿原是明代帝王的射箭的场所。山下豢养成群的鹤和鹿，以寓意长寿。每到重阳节，皇帝必到此山登高远眺，以求

长生不老。

此后，皇帝在山后修筑了永思殿，用以祭祀祖先。建筑了观德殿，用以演武和观察儿臣德行。同时建筑了护国忠义庙等。

永思殿建筑群始建于明代，是寿皇殿建筑群的重要组成部分，占地面积为5000平方米。永思殿为五大开间，金丝楠木建筑，后来因为年久失修而残毁。

根据《燕都丛考》记载：

殿东为永思门，门内为永思殿，为列代苫庐地。凡临瞻谒日，必于永思殿传膳、办事，盖孝思不匮意也。

后来的1749年，乾隆皇帝开始在中轴线上重建寿皇殿时，仍然把明代的永思殿作为祭祀先祖的场所。

在寿皇殿为皇帝进行追悼仪式的时候，永思殿则是继位皇帝为先帝守灵时休息的地方。历史上在永思殿曾经多次停放皇帝灵柩，并在这里进行祭祀活动。

永思殿坐北朝南，前为永思门，面宽三间，进深一间，通宽13.8米，通进深8.1米，绿琉璃筒瓦歇山顶黄剪边单昂三踩斗拱。殿前挂着四个红色宫灯，殿前由四级青石台阶铺成。

永思门东西配殿各三间，硬山箍头脊。永思殿面宽五间，进深三间。永思殿东西配殿各三间，悬山顶箍头脊，一斗二升交麻叶头斗拱，旋子彩画。

东暖阁有楹联：

视听思无远；
天心格有孚。

其西暖阁有乾隆帝题楹联：

一气感通昭陟降；
万年嗣服式仪型。

观德殿位于永思殿正门东南侧，是在金、元建筑旧址上新建而成的，是明清两朝为皇帝观看儿臣射箭之所，后来也开始为皇家办理丧事和追悼祖先。

"观德"也有"观瞻祖先之遗德"之意。后来，顺治帝最宠爱的

董鄂妃病逝，年仅22岁。顺治帝追封其为"孝献皇后"，其遗体即在观德殿停灵。

停灵"三七"共计21天后，在观德殿大门前空地上火化，其骨灰在观德殿安放，三年后方与去世的顺治帝骨灰合葬于东陵。

观德殿院落共四进。建筑面积为6160平方米。观德殿坐落于第二进。院围以红墙，建筑均覆黄瓦。后来仅存观德殿等建筑，大部分建筑已经被拆除或者改建。此组建筑

内部至今仍有植于明朝以前的古槐数棵。

在南墙正中有大门一间，琉璃砖瓦仿木结构，黄琉璃筒瓦歇山顶单翘单昂五踩斗拱，两侧各开一墙门。前为观德门，黄琉璃筒瓦硬山调大脊，一斗三升斗拱，前后出廊，旋子彩画。

东西配殿各三间，黄琉璃筒瓦硬山顶，一斗二升交麻叶头斗拱。后殿三间，筒瓦硬山箍头脊。后殿耳房各三间，筒瓦硬山元宝顶，前出廊，旋子彩画。

护国忠义庙为前后两重院落，建筑面积为1650平方米。主殿为两连房，黄琉璃瓦覆顶，龙凤和玺彩绘，建筑面积约250平方米，东西两侧建有配殿。《宸垣识略》中记载：

护国忠义庙在观德殿东，塑关帝立马像。林木阴翳，周围多植奇果。

护国忠义庙为供奉武圣关公而设立。殿内供奉关帝骑马握刀铸铜圣像一尊，左右配有从神主尊，在这里供奉关帝圣像，是为了赞扬和提倡忠勇神武、丹心取义和亮节成仁的精神。

值得一提的是这护国忠义庙前的两棵古树，这两棵苍劲挺拔，枝若龙爪的古柏植于9世纪，传说曾被清代的康熙皇帝命名为"二将军柏"。

康熙皇帝登基以后，为了使八旗子弟不忘马背民族的骑射传统，经常在景山的观德殿前考验儿臣骑射技艺，并进行亲射示范。

为了提倡关公的忠勇神武、义薄云天和亮节成仁的精神，康熙皇帝在射箭之余为观德殿东边的关帝题写了"忠义"匾额。

相传，在1543年前后，大明皇宫中生活着一只小猫，名为"霜眉"。这只小猫非常了解皇上的意图，善于讨皇帝的欢心，凡是有呼叫召唤或者皇帝有游览兴趣时，这只猫每次都能事先洞察皇上的意图，在前面做先导。

伺候皇上就寝时，这只猫好像小桩一样守候在旁边一动不动，就像一名忠实的卫兵一样保卫着皇帝的安全。明朝的嘉靖皇帝特别宠爱这只猫。

后来这只猫死了，依照嘉靖皇帝的旨意，人们将这只猫埋葬在景山北面山腰处的古柏下，并刻碑"虬龙冢"以示纪念。

随着朝代更迭，日久天长，为明朝嘉靖皇帝的宠物猫而立的虬龙冢前的墓碑早已不见踪迹，但这棵随着"虬龙冢"而成名的虬龙柏却成为园林中一处著名的景观。

景山公园有一处著名的人文景观是崇祯自缢处。崇祯，即朱由检，明朝第十六位皇帝，明光宗朱常洛第五子，明熹宗朱由校异母弟，母为淑女刘氏。他于1622年（天启二年）年被册封为信王，1627年8月（天启七年）继承皇位，时年18岁。次年改年号为"崇祯"，后世称为崇祯帝。明末，李自成起义军于1644年3月攻入北京，崇祯于3月19日逃到景山，自觉有愧于祖先基业，以腰带自尽于观妙亭下的一棵歪脖槐树之上。

知识点滴

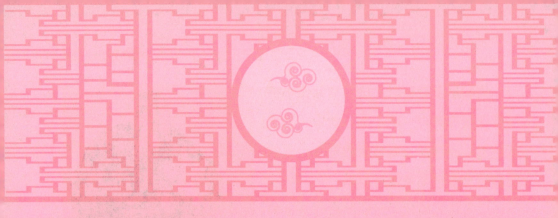

清朝时景山最辉煌繁盛

1655年，顺治帝将"万岁山"改称"景山"。景山名称含义有三。首先是高大的意思。在《诗经》中有"陟彼景山，松柏丸丸"的诗句，说的是3000多年前商朝的都城内有一座景山。其次，因为这里是帝后们的"御景"之地。再次，也包含有景仰之意。

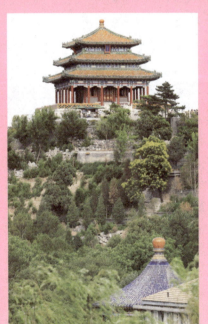

后来，康熙帝曾登景山眺望京师，见晨雾缭绕，霞光流云，一派春色，诗兴大发，于是作诗一首，其中有：

云霄千尺倚丹丘，
辇下山河一望收。

丹丘是神仙的居所，此处以神仙居所的丹丘比喻景山，可见景山的风景堪比神仙洞府。

景山有三座山门，正门在明代称"万岁门"，清代称"景山门"。门上悬仿制的明代"万岁门"匾，上刻有"大明天子之宝"字样。

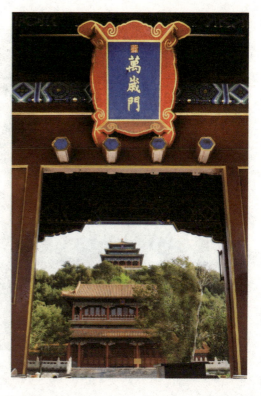

景山门位于城垣的中轴线上，坐北朝南，为黄琉璃筒瓦歇山顶。歇山顶共有九条屋脊，即一条正脊、四条垂脊和四条戗脊，因此又称九脊顶。由于其正脊两端到屋檐处中间折断了一次，分为垂脊和戗脊，好像"歇"了一歇，故名"歇山顶"。

其上半部分为悬山顶或硬山顶的样式，而下半部分则为庑殿顶的样式。歇山顶结合了直线和斜线，在视觉效果上给人以棱角分明和结构清晰的感觉。

歇山式的屋顶两侧形成的三角形墙面，叫作山花。山面有博风板，山花和博风之间有段距离，可形成阴影。为了使屋顶不过于庞大，山花还要从山面檐柱中线向内收进，这种做法叫收山。

正门面宽五间，进深三间。单昂三踩斗拱，旋子彩画。旋子彩画俗称"学子"、"蜈蚣圈"等级仅次于和玺彩画，其最大的特点是在藻头内使用了带卷涡纹的花瓣，即所谓的"旋子"。

明代旋子彩画受宋代影响较为直接，构图和旋花纹样来源于宋代

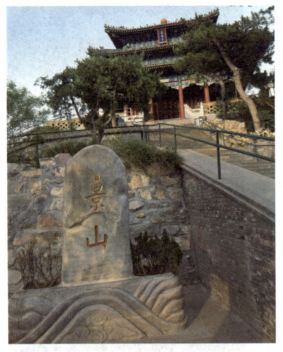

角叶如意头做法。明代旋花具有对称的整体造型，花心由莲瓣、如意、石榴等吉祥图案构成，构图自由，变化丰富。

明代旋子彩画用金量小，贴金只限于花心，其余部分多用碾玉装的叠晕方法做成，色调明快大方。枋心中只用青绿颜色叠晕，不绘任何图案，藻头内的图案根据梁枋高度和藻头宽窄而调整，箍头一般较窄，盒子内花纹丰富。

清代旋子花纹和色彩的使用逐渐趋于统一，图案更为抽象化、规格化，形成以弧形切线为基本线条组成的有规律的几何图形。

枋心通常占整个构件长度的三分之一，枋心头改作圆弧状，枋心多绘有各种图案。绘龙锦的称龙锦枋心，绘锦纹花卉的称花锦枋心，青绿底色上仅绘一道墨线的称一字枋心，只刷青绿底色的称空枋心。

藻头中心绘出花心的旋眼，旋眼环以旋状花瓣1至3层，由外向内依次称为头路瓣、二路瓣和三路瓣。旋花基本单位为"一整二破"即一个整团旋花，两个半团旋花。

山左里门是景山的东门，坐西朝东，为黄琉璃筒瓦歇山顶。面阔三间，进深一间。单昂三踩斗拱，旋子彩画。

山右里门是景山西门，坐东朝西，形制与山左里门风格相同。

　　山北是供明、清两代皇帝停灵、存放遗像和祭祖用的寿皇殿。寿皇殿有正殿、左右山殿、东西配殿，以及神厨、神库、碑亭、井亭等附属建筑。垣墙呈方形，坐北朝南。外有4柱9楼木牌坊3座，分东、南、西三面，均为琉璃筒瓦庑殿顶。通面阔16.2米，均带斗拱，门前正中有牌楼式拱券门3座。

　　1661年，顺治帝去世。在乾清宫停灵27天后，梓宫移至寿皇殿停灵。停灵共计百日后，在寿皇殿前举行火化，点火者为僧茆溪森。

　　此后，顺治帝的骨灰继续停放在寿皇殿，直到1663年，同孝献皇后董鄂氏及孝康皇后佟佳氏的骨灰自景山送往清东陵的孝陵安葬。

　　此后，康熙帝将该殿作为检查射箭之所。此时的寿皇殿景山也是囚禁之所。

　　1730年，诚亲王胤祉因参加怡亲王胤祥丧事时"迟到早散，面无

戚容，交宗人府议处"，胤祉被关押在景山一直到他去世。

乾隆帝登基后又将其父雍正帝的"御容"供奉在寿皇殿之内。当时，该殿跨度仅三间。乾隆帝决定改建该殿，以作为奉祀"神御"之殿，于是下令移建寿皇殿至景山正北面。喜欢舞文弄墨的乾隆帝在其《御制白塔山总记》中写道：

宫殿屏扆则曰景山。

新寿皇殿建筑面积21256平方米，规模和等级远超明代所建的寿皇殿。寿皇殿有正殿、左右山殿、东西配殿，以及神厨、神库、碑亭、井亭等附属建筑。垣墙呈方形，坐北朝南。

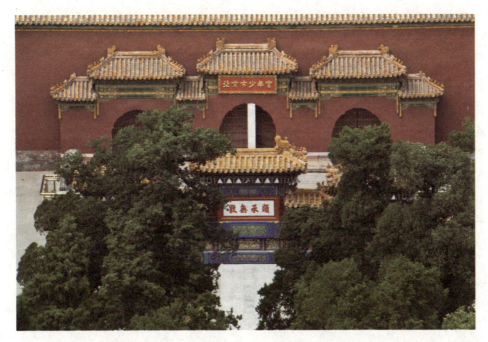

宫门为外院的正门，有牌楼式拱券门三座，均为黄琉璃瓦庑殿顶，琉璃重昂五踩斗栱。门口立有清乾隆时期的石狮一对。

宫门外的东、西、南三面各立有四柱九楼式的牌坊一座，为黄琉璃筒瓦庑殿顶，琉璃重昂五踩斗栱，本身为金丝楠木梁柱，通面宽16.2米，带斗栱，上面描绘着墨线大点金金龙枋心旋子彩画。

东牌坊东侧匾额写着"继序其皇"，西侧匾额写着"绍闻祗遹"。西牌坊东侧匾额写着"旧典时式"，西侧匾额写着"世德作求"。南牌坊的北侧匾额写着"昭格惟馨"，南侧匾额写着"显承无斁"。

寿皇门为内院正门，黄琉璃筒瓦歇山顶。面宽五间，进深三间。重昂五踩斗栱，和玺彩画。四周有汉白玉石栏杆，八级踏步，中间为皇帝的专用御路。寿皇门的两旁有侧门，为黄琉璃筒瓦庑殿顶，单昂单翘五踩斗栱。寿皇门的门外东侧原有娑罗树一棵，后来树因火灾而焚毁。

寿皇门的配殿有东、西各一间。宽度为5间，进深为1间，黄琉璃筒瓦悬山顶调大脊，一斗二升交麻叶头斗拱，旋子彩画。

井亭的位置在门外西侧。黄琉璃筒瓦顶，每面宽6.1米，一斗二升交麻叶头斗拱，下有石围栏。宰牲亭在门外的东侧，形制与井亭类似。

寿皇殿是正殿，原供奉康熙"神御"，后作为供奉清代历朝皇帝神像的处所。殿覆黄琉璃筒瓦重檐庑殿顶，上檐重昂七踩斗拱，和玺彩画。面阔九间，进深三间，前后带廊，前有月台绕以护栏，前、左、右各有12级踏步，前正中有御路，雕二龙戏珠。

檐下明间悬有满汉文写的"寿皇殿"木匾额一块。殿内中龛匾为"绍闻天下"，左龛匾为"对越在天"，右龛匾为"同天光被"，是嘉庆皇帝亲笔御书。

寿皇殿的内部靠后分有隔间，常年悬挂并供奉着自康熙帝起始的历代皇帝肖像，以康熙帝的隔间居中，其余皇帝隔间依照昭穆在其左右，同堂异室。

从东面起，第一间为光绪帝、第二间为咸丰帝、第三间为嘉庆帝、第四间为雍正帝、第五间为康熙帝、第六间为乾隆帝、第七间为道光帝、第八间为同治帝，隔间内除有肖像外，还陈列有神龛、牌位、皇帝生前的小部分服饰、珍宝器玩、玺印和佛塔等物。

在寿皇殿的内部，原来还安置有一个大龙柜，柜内收贮着大批清代帝后妃嫔的各类画像，这些画像在清代档案中，皇帝的被称为"圣容"，后妃的被称为"御容"。

清代每逢年除夕，都要在寿皇殿内隔间的窗棂之外放置七座大插屏，并悬挂清代历代帝后的朝服像，清太祖努尔哈赤像居正中，后世帝后像分昭穆居于左右两侧，南向一字排开。从道光帝起始的列位帝后像悬挂于寿皇殿的东西两侧，直到第二年正月初二才会撤下收贮。

衍庆殿、绵禧殿为寿皇殿的东西耳殿，均为黄琉璃筒瓦歇山调大

脊，面阔三间，进深一间，前后带廊。重昂五踩斗拱，旋子彩画，四周有石护栏。

寿皇殿的左右两侧各有一座碑亭，黄琉璃筒瓦重檐八角攒尖顶，上檐重昂七踩斗拱，下檐单昂五踩斗拱，四周有石护拦。

寿皇殿有东西配殿各五间，进深一间，黄琉璃筒瓦歇山顶，四周带廊，重昂五踩斗拱，旋子彩画。东西配殿南面各有一座琉璃燎炉，均为黄琉璃砖瓦仿木结构。寿皇殿的全部建筑仿照太庙形式，布局严谨，庄肃堂皇，自成一体。

乾隆年间景山的建筑达到最辉煌、繁盛的阶段，由于景山园林自元代起划为皇宫的重要组成部分，所以所有建筑都按照皇宫规制建造等级之高，形态之异，原貌保持之完整，确为少见。

绮望楼是景山官学堂学生祭拜先师孔子的地方，朝廷在绮望楼供奉孔子牌位，是为了表示崇尚儒教，以便官学堂的学生们敬仰师祖，勤奋学业。

1750年，乾隆皇帝命人拆除了明代的大殿，在原建筑的基础上兴建了绮望楼。

绮望楼依山而建，金龙各墨彩绘，它就像一缕彩云滞留在山间。绮望楼分上下两层，高15米，建筑面积1000平方米。

绮望楼在景山的阳面，依山脚而建，坐北朝南。黄琉璃筒瓦歇山顶，重楼重檐，面阔五间，进深三间。上檐单昂三踩斗栱，明间悬满文和汉文书匾额"绮望楼"。

绮望楼下檐单昂五踩斗栱，前带廊，有丁头拱雀替，旋子彩画。四周有汉白玉石护栏。内供奉孔子牌位。北、东、西三面墙下石台基上原有泥塑若干。

五峰亭并不是一座亭子，而是五个亭子的合称。自东向西依次为

周赏亭、观妙亭、万春亭、辑芳亭和富览亭。五座亭中曾经有五尊佛像，通称"五味神"。

景山的五方亭中，周赏亭和富览亭是圆亭子，观妙亭和缉芳亭是八角亭，而矗立于景山之巅的万春亭，是个占地面积最大的大方亭子，三重檐攒顶庑殿式的顶，金顶剪绿边，32根大红柱，与其他4个亭子相比较，属它气势最大，规制最高。

万春亭位于景山中峰，中峰相对高度为45.7米，是北京城南北中轴线上最高的也是最佳的观景地点。

从万春亭上，可以南看故宫金碧辉煌的宫殿，北看中轴线的钟鼓楼，西看北海的白塔。因此，万春亭的修建和其他几座亭子相比，也更加下工夫，亭子也更大气。

万春亭采用黄琉璃筒瓦顶，绿琉璃筒瓦剪边，四角攒尖式，三层檐。一层檐重昂七踩斗拱，二层檐和三层檐重昂五踩斗拱。两槽柱子，外层每面有6根，共有20根。内层每面有4根，共有12根。

亭内悬"佛光普照"匾额一块，落款为"信士弟子"，下面供奉着木质漆金的毗卢遮那佛。

毗卢遮那佛又叫"大日如来佛"，是佛教密宗至高无上的本尊，是密宗最高阶层的佛，为佛教密宗所尊奉最高神明。密宗所有佛和菩萨皆自大日如来所出，在金刚界和胎藏界的两部曼荼罗中，大日如来都是居于中央位置，他统率着全部佛和菩萨，他是佛教密宗世界的根本佛。

周赏亭是景山公园东侧第一座亭。孔雀蓝琉璃筒瓦顶，紫晶色琉璃瓦剪边，重檐圆攒尖顶。上檐为重昂七踩斗栱，下檐采用单昂五踩斗栱，两槽柱子，内外各有八根柱子支撑。

周赏亭亭高约为11.3米，建筑面积约100平方米左右。周赏亭内

原供五方佛之一的"宝生佛"，为铸铜鎏金佛像。

宝生佛，是佛教密宗崇奉的五方佛祖之一。在一些显教经典里又被称作"南方宝幢佛祖"或"南方宝相佛祖"。由于佛教书籍中关于此佛的记载甚少，所以汉地的寺庙对于这位佛供奉也极少。

在密宗教派里，宝生佛是修习密法观想的佛陀之一，象征大日如来的平等性智，是密宗教派的重要膜拜对象之一。

密教经典《守护经》记载说，宝生佛左手持衣角于手心，右手仰掌，象征宝生佛"满足众生所求"的本愿。

宝生佛属金色宝部部主，居南方，故亦称为五方佛中之南方佛。因宝生佛具有平等性智，也称为五智佛之一。

之后对景山东北山坡进行绿化改造时，发现半米深的土层下掩埋着一条毛石古道。古道已经残缺不齐，仅保留50级青石台阶，成S形自然弯曲，一直延伸到景山东侧周赏亭南面的毛石古道，是明代景山东侧旧山道的遗迹。

明代景山东侧的岔路和景山西侧的岔路相似，都是在最初设计景山山路时就已经规划好的。左右对称地设计道路，也是皇家园林设计中最基本的要求。周赏亭南北两侧的古山道遗迹，成为了周赏亭边上的一道历史文化景观。

周赏亭的山脚处有一棵槐树，是明朝最后一个皇帝崇祯自尽的地方。明末李自成打进北京，崇祯皇帝朱由检在走投无路的情况下，由司礼监秉笔太监王承恩陪着来到这棵树下自缢身亡。王承恩伺候皇帝归天后，在崇祯身边跪缢尽忠。

历代均有诗文评此处。如清代《燕都杂咏》中有诗云：

巍巍万岁山，密密接烟树。
中有望帝魂，悲啼不知处。

后来在老槐树处立有一块刻着"明思宗殉国处"的石碑。

观妙亭是景山公园东侧第二座亭。翡翠绿琉璃筒瓦顶，黄琉璃筒瓦剪边，重檐八角攒尖式。上檐为重昂七踩斗栱，下檐为单昂五踩斗栱，两槽柱子，内外各有八根。

观妙亭亭高约为14.2米，建筑面积比周赏亭略大，约为110平方米。亭子内原供五方佛之一的"阿閦佛"，为铸铜镏金佛像。

阿閦佛因其菩提心坚定不动如山，故名为"不动"，有无嗔恚的意思。

《佛说阿閦佛经》中说阿閦佛为菩萨时，在大目如来前发"于一切人民蜎飞蠕动之类不生嗔恚"等誓愿，经过累劫的修行，终于在东方的阿比罗提世界七宝树下成佛，佛刹名为"妙喜"。由于他的愿力所感，佛刹中没有三恶道，大地平正柔软，一切人都行善事，环境极其殊盛。

富览亭是景山公园西侧第一座亭。孔雀蓝琉璃筒瓦顶，紫晶色琉璃瓦剪边，重檐圆攒尖顶。上檐为重昂七踩斗栱，下檐采用单昂五踩斗栱，两槽柱子，内外各有八根。亭高约为11.3米，建筑面积近100平方米。风格与周赏亭类似。

富览亭内原供五方佛之一的"不空成就佛"，为铸铜镏金佛像。

隶属北方的不空成就佛是第五佛祖，此佛祖藏文名称意思是行为，是完全，是圆满。所以此佛祖名叫"诸行圆满"。

此佛祖所转化的烦恼是嫉妒，所净化之蕴是行蕴。嫉妒转化后，便成为智。象征这种成就的本尊或佛性，是不空成就如来佛。不空成就如来的藏文名称意即成就一切的智慧。不空成就如来宝座下的象征性动物，依不同的仪轨而有异。一种是象征烦恼不安，另一种是象征

成就。

辑芳亭是景山公园西侧第二座亭。亭子用翡翠绿琉璃筒瓦顶，黄琉璃筒瓦剪边，重檐八角攒尖式。上檐是重昂七踩斗拱，下檐是单昂五踩斗拱，两槽柱子，内外各有八根。亭高约为14.2米，建筑面积约为110平方米。样式与观妙亭类似。

亭内原供五方佛之一的"阿弥陀佛"为铸铜镏金佛像。阿弥陀佛，又称无量清净佛、无量光佛、无量寿佛等。藏传佛教称为月巴墨佛，是佛教中在西方极乐世界的教主，与观世音菩萨、大势至菩萨合称为"西方三圣"。

大乘佛教各宗多以阿弥陀佛的净土为归，但是净土宗则以专心信愿念阿弥陀佛为其主要特色。

有人发现，景山的山体组成了人盘坐的身体，寿皇殿建筑群组成了人的头部，两只眼睛是内宫墙，眉毛由树组成，两边非常对称的三角形树林组成了胡须，但它被寿皇殿外墙隔开了。这座人像究竟是古人有意建造还是巧合呢？

研究分析，认为北京"景山坐像"为道家的养生图示。明成祖朱棣打进南京，夺了皇位，他对外宣称是得到了真武大帝的帮助，因此即位后立即建立宫观报答真武大帝。

可是道家为什么要将建筑设计为养生图示而却又让人不易发觉呢？

道教的经典始终贯"长生不老"的意图，道家按照"天人合一"的道义修性炼真，并力图把这种奥秘告知世人。但是，在清高脱尘的心理和观念的支配下，他们又不愿将"天机"廉价地送给"俗人"，总是故作玄机得等待"有缘人"的发现。

什刹海

　　什刹海，旧称积水潭，亦称海子，含西海、后海和前海三个湖泊，因处在皇城之北，被称作后三海，与前北海、中海、南海三海共同组成北京内城的六海水系。

　　这里古时曾是永定河故道，后为高粱河一段比较宽阔的河身。自元代在此处建漕运码头以来，吸引了众多的达官大贾、文人墨客甚至方外之人来此或修府第，或建庙宇，更为其增添了深厚的文化底蕴。

　　这些寺庙、宅园与水岸堤桥在西山的映衬下，构成一幅帝京山水画卷。《帝京景物略》中则以"西湖春，秦淮夏，洞庭秋"来赞美什刹海的季相变幻之神韵。

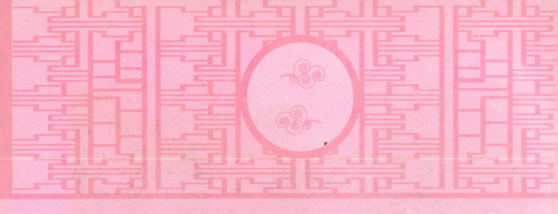

由河道漕运发展而来

　　什刹海水域的名称，最早见于《金史·河渠志》，称之为"白莲潭"。金世宗时，在金中都东北郊野的白莲潭修筑了离宫，命名为太宁宫和北苑。金世宗完颜雍每年来此设朝达四个月之久。

　　自此，白莲潭一截为二，南半部就是后来的北海、中海水域，成

御园；北半部即什刹三海，属郊外，有散布的村落。南北两部分水域开始朝不同方向发展。

1215年，蒙古骑兵攻占金中都，中都城内一片废墟，加之金中都水系水量不足，已不能满足城市日常用水需要，建都只能另选新址。

帝都选址要从政治、经济、交通和地理位置上综合考虑，水则是重要的地理因素。元朝在建大都时放弃金中都旧址，其重要因素之一就是从水源和漕运考虑的。

于是，元世祖忽必烈命精通天文地理和律历数术的大臣刘秉忠另行选址，以便兴建新都，其中轴线就是依积水潭的东岸划定。

而在这之前，南北交通、粮食征运、建设新都的石材木料，主要依靠大运河运输，货船只能到通州再经陆路转运进京。

1292年，忽必烈采纳郭守敬的建议，开始着手解决通州至大都的漕运问题，自昌平引白浮泉水，沿途吸纳西山诸泉，经瓮山泊和高粱

河流入积水潭，沿海子东南角流出，绕皇城东北角，再沿皇城东墙向南流出大都城，向东20千米到通州，与白河相通。

1293年，工程全部完工。至此，南北大运河漕运全线贯通，积水潭作为北方终点码头，成为百货的聚散之地。

还在大运河沿岸建有米面市、珊瑚市、缎子市、皮帽市、鹅鸭市、珠子市、铁器市和柴炭市等各类店铺。马可·波罗曾赞叹这里是全天下诸城无能与之相比的。

元大都城与金中都比，城中心北移，将白莲潭全部圈入城中，南半部水域成为皇家内苑，北半部水域改称积水潭，也叫海子。并以中心台为大都城中心，以积水潭东西长度半径为大都城范围。

当时的积水潭水深面阔，东西宽1千米，"汪洋如海"，北起德胜门西，东南至太液池，中间没有房屋、堤坝和街道，水天一片，南北往来货船在这里停泊，古人常用"舳舻蔽水"来形容积水潭港元代时的盛景。漕运文化的发展，为什刹海经济的发展起到了推动的作用。

鼓楼前大街和积水潭北岸的斜街两旁酒楼茶肆密布，繁华非凡。特别是北岸街坊市肆繁荣，南北客商聚集，茶房酒肆、客栈会馆林立，被称为大都城的商业中心。

不仅如此，到了入夜时分，从杭州、秦淮河两岸驶来的游船画舫上还有管弦笙箫、吴歌楚舞，湖中灯光摇曳，一派繁华景象。

元惠宗时任集贤大学士的许有壬，在一首《饮海子舟中答人招饮斜街》的词中曾有：

柳梢烟重滴春娇，傍天桥，住兰桡。垂暖香云何处，一声箫。

又有《蝶恋花》道:

> 九陌千门新雨后。细染浓薰，满目春如绣，恰信东君神
> 妙手，一宵绿遍官桥柳。

由于地居要冲，歌咏发达，世家贵族和官僚贵戚开始在沿岸构筑宅邸园亭，积水潭一带俨然是画舫朱楼和绿杨城郭的江南景色了。

元大都的规划严格恪守了《周礼·考工记》提出的"左祖右社，面朝后市"的原则，积水潭地区位于皇城之后，属于"市"的位置，从功能布局上奠定了元代这一区域市井繁华和柳绿花红的景观基调。

广化寺就坐落于风景秀丽的北岸，广化寺始建于元代，是一座大型佛教寺院。传说是一高僧托钵化缘和筹措布施所建，寺也因此而得名。

中院是全寺的主体建筑。正中依次分布着山门殿、天王殿、大雄

宝殿、藏经阁等殿堂，两侧对称排列着鼓楼、钟楼、伽蓝殿、祖师殿、首座寮与维那寮，这些殿堂组成了广化寺的正院。东院由戒坛、斋堂、学戒堂、引礼寮等殿堂组成。西院的主体建筑有大悲坛、祖堂、法堂、方丈院。

三个院落之间回廊环绕，僧房毗连，形成一座大四合院中有众多小四合院，也就是"院中有院"的建筑特色。整座寺庙古柏苍翠，花草溢香，曲径通幽。

广化寺在后来的明代为净土宗庙，清道光年间改为子孙剃度庙。宣统元年（1909年）由清学部主持，在广化寺筹建京师图书馆。

明朝朱元璋定都南京后，将北京降格为北平府。1365年，在德胜门至安定门一线修建北城墙，将元大都的北城墙向南迁移了约5千米。

新筑成的德胜门至安定门一线的北城墙将积水潭西北部分的水域隔于城外，另起名为"泓潭"，积水潭的面积大为缩减。

明成祖朱棣迁都北平后，改称北京，因新建城墙和水系的变迁，积水潭的水源减少，加之多建低桥，漕运不再进城，积水潭的漕运功能完全丧失，由元代市井繁华之区一变而为封闭式水波潋滟的宁静之泊，玉泉诸水从德胜门西水关入城，汇成方圆三四里的大水面，水味清甜，飞禽野鸟在湖面上往来飞翔。

此后，积水潭的水量日渐减少，浅处逐渐淤积为陆地，在水窄处修建了德胜桥和银锭桥，两桥将水域隔成三个相连的湖泊，自此，元代的积水潭被这两座桥分割成为前海、后海和西海三部分。

积水潭失去港口地位后，由于其独特的地理位置，以及优美的水资源环境，吸引了众多官宦权贵环湖修园建第，不同宗教也建造寺庙道观，文人墨客、商贾庶民，纷至沓来，纵游其间，或修禊、或雅集、或闲赏，成为京城著名民俗风情荟萃之地。

积水潭的名称也发生了众多变化，除原有的积水潭、海子等名称外，又出现了许多新名，如：西湖、北海子、西涯、北湖、莲花池、净业寺湖、后湖、什刹海等。

随之，贵戚纷纷在此择地营建私邸宅园，又成了名园荟萃之地，周围的风景园林逐渐兴盛起来。

最初以净业湖畔最为集中，不少帮助朱棣夺取江山的有功之臣都将宅园别墅建在这一带。据清初的《日下旧闻考》中记载，有莲花社、虾菜亭、漫园、定园、镜园、定国公别业、刘茂才园、湜园、杨园等，都是明朝达官显贵的花园。

定国公就是徐达，被尊为太师，太师圃之名由此而来。它位于德

胜桥西，进门处即一座宽敞的大堂，堂后沿曲折小径行进可达一片小湖，周围树木成荫，错杂如织。

在小湖的北面，则有一宽阔的水榭，后拥全湖，院内种植垂柳，"袅袅拂地"，堂左右两侧是书室，西部筑起了高台，是环湖宅园中最佳远眺处。

刘百川别墅，有堂三楹，南面正对的就是一片湖水，湖光如镜，故又名镜园，园后沿着蜿蜒的小路往下走，可通到湖边。路的尽头是一个水边平台，坐在这里，"望山色遥青可鉴"。

所建的寺庙则有镇水观音庵、什刹海寺、净业寺、宏善寺、佑圣寺、小龙华寺、广化寺、寿明寺、真武庙、广福观、普济寺等。

什刹海原为寺名，在后海西岸段家胡同内，为明僧编融所建，后世多有重修，因而又名什刹海庵、什刹海庙、十刹庙，后来将这片区域称为"什刹海"就是源于这座寺庙。

净业寺建于1558年，净业寺地处幽静，南临水岸，树木成荫，"去水止尺许，其东有轩，坐荫高柳，荷香袭人"，颇有江南云水之

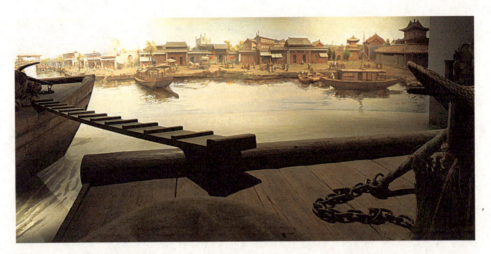

胜，尤为盛夏消暑的佳境，明清有很多游人到这里游览，留下了大量的吟咏净业寺的佳句。

与前朝的漕运码头相比，明朝的什刹海少了些喧嚣浮华，多了些文化积淀，沿岸鳞次栉比的祠寺庙堂和花园别墅，奠定了这一区域淡泊宁静的文化氛围。

什刹海一名的由来，还有一个传说。相传老北京有个活财神沈万三。人们叫他活财神，并不是因为他有钱，而是因为他知道哪个地方埋着金子。

这一年皇上要修北京城，因为国库没钱了，皇帝就派大臣去找沈万三，刚开始他还不说金子埋在什么地方，皇帝叫人狠狠地打了他一顿，无奈之下，他就随便指了一块空地。

没成想，这个地方竟然挖出了十窖银子，银子挖出后，那个地方就成了大坑，后来大坑有了水，人们就叫它"十窖海"，以后慢慢流传，就叫成"什刹海"了。

知识点滴

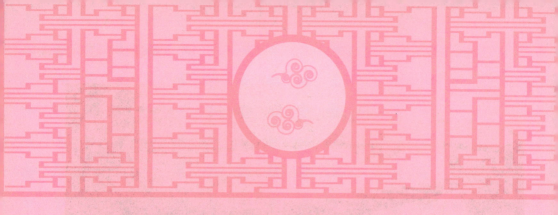

清代以后的文化积淀

　　到了清代，什刹海的水量继续减少，名称逐渐定型。德胜桥以西水域称"积水潭"，以东称"什刹海"。什刹海地区因临近皇城、环境优美而成为修建王府的首选之地。

　　沿岸的格局虽然并没有发生巨变，但是因为朝代更迭，名宅赐

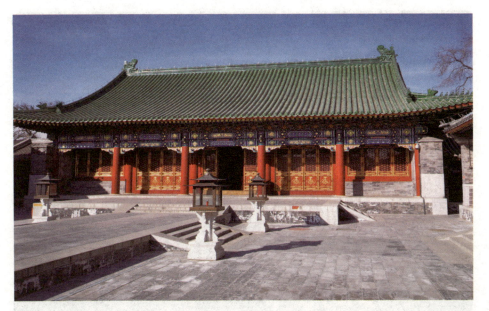

第，转瞬易主，沿岸原明代的宅园别业或衰落，或为清朝府邸所代替，沿湖景观中心也由西海向前海和后海偏移。

清入关后所封的四个世袭罔替亲王中就有恭亲王、醇亲王、庆亲王将王府建在这里。除此之外，还有阿拉善王府、涛贝勒府、棍贝子府、兆惠府等。比较有名的还有前海西街的恭王府，为什刹海平添了些许贵气。

在清代，王府并不是私人宅邸，而是属于皇家的公产，是亲王和郡王日常起居和办公的场所，其他人的宅邸概不能称为"府"。

乾隆后期和珅得势，遂选定在什刹前海西岸大建宅第。恭王府花园曾是乾隆宠臣和珅的私宅，后由慈禧赐给了恭亲王并因此得名恭王府。

恭王府分府邸和花园两个部分，拥有建筑群落达30多处，布局讲究，气势非凡。

府邸建筑分东、中、西三路，每路由南至北都是以严格的中轴线

贯穿着的多进四合院落组成。

中路最主要的建筑是银安殿和嘉乐堂，殿堂屋顶采用绿琉璃瓦，显示了中路的威严气派，同时也是亲王身份的体现。

银安殿也叫银銮殿，是恭王府最主要的建筑。作为王府的正殿，只有逢重大事件和重要节日的时候才会打开，起到礼仪的作用。

嘉乐堂悬挂有"嘉乐堂"匾额一方，该匾是乾隆帝赐给和珅的，但匾额上并没有署款，也没有钤记，但和珅留有《嘉乐堂诗集》，说明是和珅之室名。

在恭亲王时，嘉乐堂主要作为王府的祭祀场所，内供有祖宗和诸神等的牌位，以萨满教仪式为主。

　　东路的前院正房名为多福轩，厅前有一架长了200多年的藤萝，长势依然很好，极为罕见。东路的后进院落正房名为"乐道堂"，是当年恭亲王奕訢的起居处。

　　西路的四合院落小巧精致，主体建筑为葆光室和锡晋斋。精品之作当属高大气派的锡晋斋，大厅内有雕饰精美的楠木隔断，为和珅仿紫禁城宁寿宫式样。

　　府邸最深处横有一座两层的后罩楼，东西长达156米，后墙共开88扇窗户，内有108间房，俗称"99间半"，取道教"届满即盈"之意。

　　其花园又名萃锦园，占地约2.7公顷，园内设计和布局都具有较高的艺术水平。花园东、南、西三面被马蹄形的土山环抱。中路进园门后，土山起障景作用，穿越山洞门后，豁然开朗，正中置一峰石，名"飞来峰"。峰东为流杯亭，峰北正中有一"凹"形的水池，面池是一组厅堂。

穿过厅堂进入中部庭园，有一座石山，为全园的主景。全园以"山"字形假山拱抱，三面堆土叠石为山，中路以房山石堆砌洞壑。立于山顶，居高临下，更可观全园景观。

山石后面有一列书斋，平面曲折，如蝙蝠展翼，名为"蝠厅"。花园西路以一个长方形大水池为主景，池中心有岛，岛上有水榭。池北岸有一卷棚顶的大厅，和水榭成轴线相对。花园东路是一组建筑庭院和戏楼，用爬山廊连接中路的厅堂。

恭王府花园规模较大，保存较完整，是什刹海沿岸清王府附园的经典之作。

醇亲王府位于后海北岸，府邸分为正院、住院、花园及马圈四部分。另外在府后建有醇贤亲祠堂一所，占地共约53000平方米。花园由

于位于住宅西部，故称为"西花园"。

进入西花园，首先看到两座土石假山为屏障，循山口过小桥见竹林一片，中有方亭一座。依长廊而行有一座六方亭，篆书额曰"恩波亭"。清代不许民间引玉泉水入宅，"御赐引玉河入庭"是一种殊荣。后海水在山西花园西部引入，绕园一周，由山东端流出园外。因奉旨许引玉泉水进园，故命亭为"恩波"，以示皇恩浩荡。在什刹海沿岸的众多清代王府和官邸中，获此殊荣的仅此一园。

1761年，乾隆皇帝下令将原明代建于什刹海西海西北小岛上的镇水观音庵改建为汇通祠，祠内供奉龙王。同年，疏浚什刹海及月牙河，使水流方向改变，水由西海经月牙河注入前、后海，由于是下游的前海倒流入后海，故有"银锭观山水倒流"的说法。

庆王府是北京王府中的一座，第一代庆王永璘为清乾隆皇帝的第十七个儿子，嘉庆皇帝的同母胞弟。老庆王府在前海西街路北，在和珅府的前方。后来，庆王永璘的后人奕劻袭承辅国将军一职，咸丰皇帝命奕劻由老王府迁至定阜大街原大学士琦善的宅第。

咸丰年间，奕劻由辅国将军晋升为贝子，继而晋升为贝勒。由于深受慈禧太后赏识，奕劻在光绪时期晋升为庆郡王，管理总理各国事务衙门及海军事务，后来又晋升为庆亲王，并被封为世袭罔替亲王。1903年授军机大臣，成为清代最后一个铁帽子王。

庆王府是在奕劻晋封为庆郡王之后，按照王府的规制进行了大规模的改建。这时的奕劻在府内大兴土木，修建了万字楼和戏楼等处。

府内建筑宏伟，面积广阔，分为五个大院，大小楼房近千间，朱红大门，高大的宫殿，只是屋顶为泥瓦而不是琉璃瓦，成为当时京城最华丽的王府之一。

涛贝勒府原是康熙第十五子愉郡王允䄂居住的愉王府，在同治年间被赐予了贝勒载滢，后来载滢获罪，迁出此府。

　　光绪年间，醇贤亲王奕譞的第七子载涛过继给钟郡王奕詥为嗣，承袭贝勒爵位，于是迁居到了愉王府，作为贝勒府，称为涛贝勒府。

　　涛贝勒府总体建筑约为1000平方米，坐北朝南，有门东向，分中路和东路及西路。中路有四进院落，东路亦有四进院，后三进院为三合院。西路只有前后三排房子，西为戏楼。南为花园，有长廊、亭、花厅和假山等。

　　棍贝子府又被称为诚亲王新府，根据《啸亭杂录》记载："诚亲王新府在蒋家房。"诚亲王的旧府位于官园，因改赐慎郡王，所以在蒋家房的基础上建造了新府。

　　诚亲王胤祉离世后，他的七儿子弘暻继为府主，后被封为贝子，所以此府又称为固山贝子弘暻府。

　　根据乾隆时期的《京城全图》来看，此府东起水车胡同，西邻光泽胡同，北抵积水潭南岸。占地面积大，规制严整，府正门面阔五间，大殿面阔七间，东西配楼面阔五间，后殿面阔三间，后寝面阔五间。

主体部分在西路，东部以花园为主，园中有亭台楼阁，古树参天，山石点缀，土山环绕。园内有一湖，湖中有一土石相间小岛，湖水引自积水潭。

按清代的制度，积水潭水为御用，非经特许，任何人不得擅引。弘暚无特殊建树，却也享受到了如此特殊的恩准。弘暚之后府主分别是弘暚的第三子永珊、永珊的第三子绵策和绵策嗣子奕果。

奕果承袭不入八分辅国公之后，改迁别所，此府赐给庄静固伦公主为府。庄静固伦公主为嘉庆皇帝的第四女，后来下嫁于土默特的世袭贝子玛尼巴达喇。

　　他们的儿子德勒克色楞承袭贝子，德勒克色楞的儿子索特那木色登袭贝子，之后棍布札布承袭贝子，因而被称为棍贝子府，一直延续。

　　后来，棍贝子府原有的建筑绝大部分被拆除，仅存有三间卷棚歇山筒瓦顶的花厅，二幢硬山过垄脊的重楼，以及湖与假山。

　　有一年，清朝的军机大臣和珅在什刹前海中修筑了一条南北方向、略呈S形的大堤，后人俗称"和堤"，将前海分成两部分，堤坝东侧水域称为"前海"，西侧水域称为"西小海"。

　　因为这一带是皇亲贵胄和文人雅士会聚的场所，所以酒肆歌台也自然发达。位于前海北沿的会贤堂原是清光绪朝礼部的侍郎斌儒的私邸，内设戏台，门簪上书"群贤毕至"4字，成为文人墨客聚会之所。

除此之外，什刹海因周围有十座寺庙而得名，包括广化寺、火德真君庙、护国寺、保安寺、真武庙、白马关帝庙、佑圣寺、万宁寺、石湖寺和万严寺。什刹海附近还有广福观、大藏龙华寺等寺庙。

火德真君庙里供奉的是真武大帝，为象征天地精灵的龟蛇抱像。传说元世祖忽必烈在开始营造大都城的时候，有龟蛇出现在西直门外的高粱河上，群臣解释说，这是真武神光临，其德惟水，水能胜火，宋朝亡定了！

忽必烈大喜，下令在高粱河出现龟蛇的地方建了座"大昭应宫"，祭祀真武大帝。又在城中心海子边建了这座规模宏大的真武庙。后来元统一中国后，元成宗加封真武为"元圣仁威玄天上帝"，使真武成了北方最高的神！

明成祖朱棣也特别崇奉真武大帝，他在夺取皇权的"靖难之役"

中，鼓吹有北方真神相助，是替天行道。他当了皇帝后，加封真武为"北极镇天真武玄天上帝"，赐名武当山为"大岳太和山"，修"金殿"、造金像，大兴土木，费资百万，把武当山修得如天宫落地。

火神真君庙坐北朝南，三进院落。山门东向，开在庙的东南角上，面对地安门外大街。山门内外各有一座牌楼。山门为歇山顶，面阔一间，黄琉璃瓦绿剪边。山门内原有钟楼、鼓楼。进山门，向西穿过配殿，进入

南北向的院落。

南面的倒座房是隆恩殿，面阔三间，歇山顶，供奉隆恩真君王灵官。北面正殿是火祖殿，面阔三间，进深三间，歇山顶，前出抱厦，供奉火神南方火德荧惑星君。西面为一配殿。

护国寺是北京的八大寺庙之一，原为元丞相托克托的官邸，初名崇国寺，1429年更名为大隆善寺。1472年赐名为大隆善护国寺。1722年，蒙古王公贝勒修缮此寺，为圣祖祝寿，曾对寺庙大加修缮，名护国寺，又称西寺，与东寺隆福寺相呼应。

明代刘侗、于奕正著的《帝京景物略》云：

大隆善护国寺，都人呼崇国寺者，寺初名也。都人好语讹语，名初名。寺始至元，皇庆修之，延佑修之，至正又修

之。元故有南北二崇国寺，此其北也。

　　我宣德已酉，赐名隆善。成化壬辰，加护国名。正德壬申，敕西番大庆法王领占班丹、大觉法王着肖藏卜等居此，寺则大作。中殿三、旁殿八，最后景命殿。殿旁塔二，曰佛舍利塔。

　　寺前后五进，院中碑刻甚多，其中著名的有赵孟頫书《皇庆元年崇教大师演公碑》和危素撰并书《至正二十四年隆安选公传戒碑》等。

　　寺内除供奉佛教诸佛祖外，还有元丞相脱脱夫妇塑像和辅佐明成祖朱棣建有殊勋的姚广孝影堂。另有葡萄园数亩，可见其规模之大。

　　清末学者唐晏所著的《天咫偶闻》中说：

　　隆善护国寺，俗称护国寺，即元之崇国寺。赵松雪书演

公碑，危太仆书选公传戒碑皆在殿东阶下。月七八有庙市，
与隆福寺埒，而宏敞过之。

护国寺庙会与隆福寺庙会齐名，即所谓"东西二庙"之西庙。
《京都竹枝词》中说：

东西两庙货真全，一日能消百万钱。多少贵人间至此，
衣香犹带御炉烟。

清末，什刹海地区由于水源日渐减少，临湖的园亭、寺庙便逐年
荒废，只剩下净业寺、汇通祠等少数庙宇，其他府第、园囿和古刹多
已坍塌。

每至夏季荷花茂盛时，河堤上便聚集
很多摊贩，出售小吃和茶水，逐渐成为
京城百姓消夏胜地。

从元朝依托这一片水域在东岸确定
了都城建设的中轴线，什刹海始成
为元、明、清三代城市规划和水系
的核心。历经数百年的发展，什
刹海积淀了上至皇亲国戚、士大
夫，下至普通百姓的深厚的各阶
层文化。

这里的胡同和四合院组成了
老北京的风俗文化，组成了老北

京的历史，沿着什刹海迤逦的河沿四周，形成了不规则但密如织网的网状胡同，这些胡同依势而建，自然天成，被誉为"北方的水乡"，是古都之源、文化之源，是民众休闲、感受历史的胜地。

这里仍旧保存着十分难得的自然景观和人文胜迹交相辉映的历史风貌，处处古迹宛如一颗颗明珠，将什刹海点缀得风雅典丽。

知识点滴

在后海边上还有一座关岳庙，关岳庙原先是道光帝的第七子醇贤的亲王庙。

醇贤亲王庙坐北朝南，分三进院落，其中中院又有东西跨院。中轴线依次为琉璃照壁，中门，外为八字墙，两旁各有一座琉璃门。

中院内东有焚帛炉，西有祭器亭。正殿7间，殿前有月台一座，东西配殿各五间。后寝祠五间。建筑面积约3000多平方米。

后来，人们在后寝祠塑关羽和岳飞像，祭祀关岳，开始称为关岳庙。之后不久又恢复武成王庙，简称武庙。大殿改称武成殿。原关岳殿改为武德堂。

堂内北、东、西三面墙壁上嵌有配享和从祀武成王的历代80位名将传赞石刻，现存16方刻石，十分珍贵。

御花园

　　御花园位于紫禁城中轴线上，坤宁宫后方，明代称为"宫后苑"，清代称御花园。始建于1420年，以后曾有增修，现仍保留初建时的基本格局。全园南北纵80米，东西宽140米，占地面积12000多平方米。

　　园内主体建筑钦安殿为重檐盝顶式，坐落于紫禁城的南北中轴线上，以其为中心，向前方及两侧铺展亭台楼阁。园内青翠的松、柏、竹间点缀着山石，形成四季常青的园林景观。

紫禁城北端的后宫园林

御花园位于北京故宫中轴线的最北端，在坤宁宫后方，始建于1420年，称为"宫后苑"，以后历代多有增修，但都基本上保留了初建时的基本格局，清代时改称为御花园。

园中有不少的殿宇和树石，都是明代遗物。御花园原为帝王后妃休息游赏而建，但也有祭祀、颐养、藏书和读书等用途。

御花园位于紫禁城中轴线的北端，正南有坤宁门同

后三宫相连，左右分设琼苑东门、琼苑西门，可通东西六宫，即北面是集福门、延和门、承光门围合的牌楼坊门和顺贞门，正对着紫禁城最北界的神武门。

御花园占地12000多平方米。园内建筑采取了中轴对称的布局。中路是一个以重檐盝顶、上安镏金宝瓶的钦安殿为主体建筑的院落。

东西两路建筑基本对称，东路建筑有堆秀山御景亭、璃藻堂、浮碧亭、万春亭、绛雪轩；西路建筑有延辉阁、位育斋、澄瑞亭、千秋亭、养性斋，还有四神祠、井亭和鹿台等。

著名的堆秀山是宫中重阳节登高的地方，叠石独特，磴道盘曲，下有石雕蟠龙喷水，上筑御景亭，可眺望四周景色。

御花园内主要有坤宁门、钦安殿、承光门、天一门。坤宁门位于内廷中路北端，为御花园的北门。始建于明初，1535年，因坤宁门移至坤宁宫后北围廊正中而改称顺贞门。顺贞门为随墙琉璃门三座，每座均安双扇实榻大门，每扇门纵横各九颗门钉。

门外为北横街，隔街与神武门相对，门内南向正对承光门，门左右各有东西向琉璃门一座，名延和门、集福门。此三座门间以琉璃顶矮墙相连，在顺贞门前围合成一座袖珍院落。

顺贞门乃内廷通往神武门之重要通道，无故禁开。皇后赴西苑先蚕坛行祭祀礼或去往圆明园、寿皇殿等处均出入此门，皇帝有时也经此门出入。

此外，在钦安殿道场之期，随时启闭以供道士进出，但须严行稽查，不许闲人出入。明代时，若逢宫人病故，棺椁从顺贞门的右侧之门送出。清代后宫亲族女眷曾奉旨会亲于此，选秀女时也进此门。

钦安殿位于御花园正中，南北中轴线上，是园中的主体建筑。钦安殿始建于明代，明嘉靖年间添建墙垣以自成格局，清乾隆年间又在殿前添接抱厦。

钦安殿内供奉玄天上帝，又称真武大帝。传说玄武为北方神灵，代表二十八星宿中的北方七宿，为龟蛇状。在阴阳五行中，北方属水，色为黑，守护紫禁城建筑免遭火灾。

明永乐皇帝自诩为真武大帝飞升500岁之后的再生之身，在他的推动下，宫中真武大帝的信仰特别盛行。每年的立春、立夏、立秋和立冬等节令，皇帝都会到此拈香行礼，祈祷水神保佑皇宫，消灭火灾。

殿顶为重檐盝顶，殿宇基座周围汉白玉石栏杆是紫禁城中的石雕精品，殿前相交于甬路上方形成拱门的连理柏也是宫中的奇树之一。

钦安殿是坐落在北京中轴子午线上唯一的道观，到了清代，每逢元旦年节，都要在这里开设斗坛和道场，皇帝亲自前来拈香行礼。

钦安殿北为承光门，正中有琉璃牌楼门一座。门北向，门内陈设鎏金铜象一对，门左右各接有短垣，高仅过人，但砌筑得十分华贵，干摆青砖下肩，土红墙身，黄色琉璃墙顶之下，承托着一排琉璃斗拱。

墙东西伸延折而向北，再各接牌楼门一座，即东为延和门，西为集福门，北为顺贞门，由四座门围成一个园林空间。成为御花园特有的一道景观，与我国其他的古园不同，这里的自然景如花门和假山，均被墙垣和殿庭约束住了，呈现出了一种规正之美。

钦安殿院落的南门为天一门，是嘉靖皇帝在添建钦安殿院墙时所建。初名"天一之门"，清代改为"天一门"。

按古代阴阳五行学说，北方属水。钦安殿位于紫禁城中轴线北端，其院门名为"天一"，乃取《易经》中"天一生水"之意，与五行之说相应。

另外，因为嘉靖年间紫禁城多次失火，在此背景下修建钦安殿院墙和院门，并由嘉靖皇帝亲为院门题名，显然有祈求平安之意。

天一门南向，主体由青砖砌成，磨砖对缝，工艺考究。正中单洞券门，内装双扇朱漆宫门，门上嵌纵横各九路铜鎏金门钉。黄琉璃瓦

歇山顶，檐下绿琉璃仿木结构椽、枋和斗栱。额枋彩画是具有典型明代特征的旋花彩画，为清代旋子彩画的前身。

天一门两侧各出琉璃影壁与院墙相连，影壁的盒子与岔角部位饰琉璃仙鹤、云朵，做工精美。门前左右陈列铜镀金獬豸各一，御路正中设青铜香炉

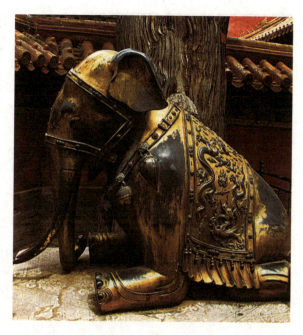

一座。门内正对连理柏一棵，枝繁叶茂，苍劲古朴。

天一门是紫禁城内较为少见的青砖建筑，一方面直观地反映出避火的愿望并切实起到了防火作用。另一方面，青砖淡雅的色泽也与御花园的园林环境相协调。紫禁城西北角的英华门，与天一门完全一样。

摛藻堂位于御花园内东北部、堆秀山东侧，乾隆年间修建，主要曾用于贮藏《四库全书荟要》，其中摛是传扬、铺展的意思，"摛藻"意为弘扬文华。

该建筑依墙面南，面阔五间，黄琉璃瓦硬山式顶，堂西墙辟有一小门，可通西厢房。只以少数精美造型的亭台立于园中，空间舒广。

堂前出廊，明间开门，次梢间为槛窗。室内放置书架，为宫中藏书之所。1779年之后，《四库全书荟要》曾贮藏于此，供乾隆皇帝随时阅览。

摘藻堂的匾额是乾隆皇帝题写的"摘藻抒华"四字，楹联为：

庭绕芳毯铺生意；
座有芸编结古欢。

其中"芸编"一词中的"芸"指多年生草本植物芸香，古人常把芸香夹入书中以防虫蛀，故以"芸编"称古书。西门外的楹联为：

左右图书，静中涵道妙；
春秋风月，佳处得天和。

西室内，乾隆皇帝题写的楹联为"宿风"，楹联为：

从来多古意；
可以赋新诗。

园内遍植古柏老槐，罗列奇石玉座、金麟铜像、盆花桩景，增添了园内景象的变化，丰富了园景的层次。御花园地面用各色卵石镶拼成福、禄、寿象征性图案，丰富多彩。

浮碧亭位于御花园的东北，亭北正对倚园北墙而建的摘藻堂，正南是万春亭。亭平面方形，三开间，通面阔约8米，前出抱厦，下有东西长的矩形水池，池上横跨单券洞石桥，亭坐落于桥上。

亭和抱厦顶均为绿琉璃瓦黄剪边，攒尖顶上安琉璃宝顶，一斗二升交蔴叶斗栱，檐枋下安华板，方柱。亭东西两侧为石雕栏板，同时也是桥的栏板，南北两面在石栏板中间设两步台阶为亭的出入口。

方亭内天花正中有双龙戏珠八方藻井，周围为百花图案天花，檐下苏式彩画，抱厦三面开敞。

池中水引自护城河，池壁雕有石蟠首出水口，池中芙蓉出水，游鱼穿泳，为御花园的景色增添了清新活泼的情趣。

万春亭在御花园东部，1536年建。亭为重檐，上圆下方，合于"天圆地方"的说法。东方与春季对应，故名万春，即天地长春之意。

延晖阁位于御花园内西北，北倚宫墙。明代初建时名为清望阁，清代重修时取延驻夕阳光辉之意而改名延晖阁。

阁坐北面南，三开间，外观为上下两层，其内部两层之间有一暗

层，黄琉璃瓦歇山顶。前檐明间开门，灯笼框隔扇门六扇，两次间为灯笼框槛窗。阁之上层回廊环绕，玲珑轻盈。

据说在冬季天气晴朗的日子，这里可以看到西山的积雪。清代乾隆、道光和咸丰等皇帝都留有吟咏此阁的诗句。

在延晖阁西为位育斋，嘉靖年间曾更名玉芳轩，清代恢复了位育斋的名称。位育斋坐北面南，面阔五间，黄琉璃瓦硬山式顶。明间开门，两次间为支摘窗。位育斋前有鱼池一座，中跨拱桥，桥上建有一亭曰澄瑞，清雍正时此斋曾作为佛堂。

澄瑞亭位于御花园的西北，正北为倚园北墙而建的位育斋，正南为千秋亭。亭平面方形三开间，通面阔约8米，前出抱厦，下有东西长的矩形水池，池上横跨单券洞石桥，亭坐落于桥上。

亭和抱厦顶均为绿琉璃瓦黄剪边，攒尖顶上安琉璃宝顶，一斗二升交叶斗栱，檐枋下安华板。亭东西两侧的石雕栏板亦为桥的栏板，蕉叶纹望柱头。亭南北两面设踏步，作为进出口。方亭内为金龙图案井口天花，正中有双龙戏珠八方藻井，檐下龙锦彩画，抱厦三面开敞。

澄瑞亭以南就是千秋亭，1536年建。亭平面呈方形，各面呈抱厦状，是由一座方亭各面出抱厦形成。四面抱厦前各出白玉石台阶，周围白玉石栏板，绿色琉璃槛墙饰黄色龟背锦花纹，槛窗和隔扇门的槅心都是三交六椀菱花，梁枋施龙锦彩画。重檐攒尖顶，下层檐施单昂三踩斗栱，下层檐以上改成圆形，施单昂五踩斗栱。

圆攒尖顶，明称"一把伞"式，黄琉璃竹节瓦。宝顶是由彩色琉璃宝瓶承托鎏金华盖组合成的。上圆下方的屋顶取仿"天圆地方"的古明堂形制。

亭内天花板绘双凤，藻井内置贴金雕盘龙，口衔宝珠。两亭色彩绚丽，造型精美，可称是宫中亭子之最。

御花园内有两座井亭，坐落在万春亭和千秋亭以南，东西遥相对应。亭平面方形，四柱础刻覆莲，面阔1.9米，四周绕以石栏板，石洩水槽，井在亭子中心，均用汉白玉石制作。东边一座梁枋绘花草枋心苏式彩画，西边绘海漫斑竹。

井亭的特点是顶上部做"盝顶"，正中开露天洞口，形状随同井的平面，正对下面的井口，为的是采光以便看视井中水面，亦方便掏井，利于长竿上下。

御花园井亭还有一个特点，就是方形平面的建筑顶都是八角形。

顶的形状改变是在四柱上端采用担梁，担梁两端悬挑着另一根悬空的梁，于是四方改成八方。八角攒尖顶中间落平，开八角形洞口，顶覆黄琉璃瓦，八对合角吻，八条脊，脊端安仙人走兽。

西边的亭内架有两根横木，中间安着滑轮，是当年打水的遗迹。宫内井亭很多，但像这样结构巧妙、造型娇小精丽是绝无仅有的。

堆秀山也是在明代建立的，后来，奉神宗朱翊钧之命拆去，于同年在其基础上改筑堆山，用太湖石叠高14米而成，山顶筑有亭子一座，名为"御景亭"。

亭平面方形四角攒尖鎏金宝顶，自亭上可俯瞰宫苑，远眺紫禁城、景山、西苑尽收眼底。山北依宫墙，高约10米。

叠石山脚正面中间有券洞门，洞门上额有一题名为"堆秀"的匾，使用满汉两种文字，门内有石洞，内为砖砌穹隆式石雕蟠龙藻井。

"御景亭"和"堆秀"之名皆为明万历皇帝所赐，清代仍然保留旧称。东侧山脚石壁上还刻有乾隆皇帝所题的"云根"两字，用以赞赏石山似层云叠起之美姿。

堆秀山虽是叠砌垒垛的假山，但由匠师们精心设计和巧妙地使用大小不一、形状各异的太湖石，在比较狭小的地面上，拔地腾空而起，叠垒成一座怪石嶙峋、岩石陡峭的崇石峻岭。

山上有些石块酷似鸡、狗、猪、猴、马、兔等"十二生肖"的动物形状，或卧或站，姿态各异，吸引人们去揣摩猜测，因而增添了观赏的趣味。

御景亭高耸于堆秀山上，是宫苑中眺望风景的绝佳之处。这里原是明代观花殿的旧址，万历间改堆假山。山的东西山石间各有磴道，拾级而上可达山顶御景亭。

亭子平面方形，四柱，一斗二升交蔴叶斗栱，攒尖顶，上覆翠绿琉璃瓦，黄色琉璃瓦剪边，鎏金宝顶，四面设隔扇门。四周围绕着汉白玉石栏板。亭内天花藻井，面南设宝座。

御景亭是皇帝和皇后在农历九月初九重阳节登高的地方。

绛雪轩位于御花园东南角，绛雪轩的门窗装饰均为楠木雕刻，窗棂雕有"万寿无疆"花纹，乾隆皇帝常到绛雪轩吟诗作赋。

当时绛雪轩前有五棵海棠树，每当花瓣飘落时，宛如红色雪花纷纷降下一般，遂将此轩名为绛雪轩。乾隆皇帝曾有"绛雪百年轩，五棵峙禁园"的诗句。轩前琉璃花坛里有一簇极为罕见的太平花，这是晚清时西太后命人从河南移来栽种于此处的。

绛雪轩的门窗为楠木本色，没有任何的油饰。柱、框、梁、枋都饰有斑竹纹彩画，朴实淡雅。轩前的琉璃花坛制颇为精致，坛内叠石为山，栽有牡丹等名贵花木。原来轩前有海棠树五棵，每当花瓣飘落时，宛若雪花片片缤纷而降，遂名绛雪轩。

晚清时，慈禧命从河南移来太平花，代替了古海棠。花坛前竖立一远古木质化石柱也十分珍奇，上刻乾隆帝御题诗句。

养性斋是一座楼阁式藏书楼，清嘉庆和道光两帝经常前来此斋。末代皇帝溥仪退位以后，曾聘请教师在这里教他学习英语和数学。

养性斋为两层楼阁式，原为七间，座西面东。1754年，在楼两端向前各接出了三间，改建为了转角楼。平面呈凹形，前出月台一座。1815年进行了重修，月台面改为了墁金砖。

在清道光帝时，也曾大力进行了修葺。黄琉璃瓦转角庑殿顶，上层前檐出廊，下层东面明间开门，次间及南北转角三间均为支摘窗，显得十分精致。

楼上正中悬挂有康熙帝御笔题匾"飞龙在天"。楼下正中悬挂匾曰"居敬存诚"，北楼下东向匾曰"悦心颐神"。斋前叠石环抱，曾有曲流馆。

知识点滴

在我国古代，古人把天地未分、混沌初起的状态称为太极，太极生两仪，就划出了阴阳，分出了天地。古人把由众多星体组成的茫茫宇宙称为"天"，把立足其间赖以生存的田土称为"地"，由于日月等天体都是在周而复始、永无休止地运动，好似一个闭合的圆周无始无终，而大地却静悄悄地在那里承载着世间万物，恰如一个方形的物体静止稳定，于是就产生出了"天圆地方"的概念。

而建筑是人修造的，它必然体现出人们的追求和希望，故而"天圆地方"就成了各类建筑中不可缺少的内容。在紫禁城御花园的许多建筑都体现出了天圆地方。

园中奇石古树美景天成

御花园的叠石为山，分为两个区域，园中西南部有四组叠石山景，都是以自然山峦为蓝本。依园中位置与环境有正西组合的，有西南弯形和西北斜形组合的。

叠石参差错落有致，通过线与面的结合，高与低，曲与直，巧与拙，繁与简等强烈对比形成极富变化、有着统一与和谐的独特幽美形式，并构成了多个洋溢着艺术氛围的园林小空间。

山石陪衬与园林建筑嵯岈屈曲，叠石与花草树木相组合形成庭院式的园林，小巧玲珑，古雅别致。"折粮石"南太湖石和产自北京房山的北太湖石为主巧妙配合，多孔多穴，波纹起伏，叠山成"数弓之地，深溪幽壑，势若天成"。明代曾勉之在《吴风录》中说道：

至今吴中富豪，竞以湖石筑峙奇峰阴洞，至诸贵占据名岛以凿琢而嵌空为妙绝，珍花异木，错映阑圃，虽闾阎下户亦饰小小盆岛为玩。

在御花园石种之多也是一大特色。主要的石种有太湖石、英德石、灵璧石、雨花石、海浮石、钟乳石、彩陶石、木化石、晶体石、虎皮石、石英岩和沉积变质岩等，古代四大名石也都在其中。

在天一门前甬路西侧，有一奇石，它以自然形成的纹理表面而见长。这块奇石的表面呈现一位躬身下拜的老人形象，他双手拱起，长袖下垂，虔诚地拜揖天上的星斗，因此人称"拜月石"。

又有传说，图案中的老者是诸葛亮，他正双手拱起，神态专注于天空中的北斗七星，因而又称此石为"诸葛拜北斗"。

海参石置于御花园天一门的东侧，是由一大堆海参状的小石头聚合而成。石高0.76米，高0.25米，整个石体如首尾相连，纠缠盘绕的无数海参。石呈黄褐色，略显半透明，实为难得的精品。

这块奇石因何而形成，已无从考证，但是据有关史料记载，是在明景泰年间增建御花园时所置，其石是一块石英晶簇，确为世间罕见的奇石珍品。

珊瑚石立于御花园天一门的东侧，与西侧另一珊瑚石成双结对。

珊瑚石是古代珊瑚虫的石灰质骨骼，经石化作用后形成的化石。这块珊瑚石表面呈鹿茸状凸起，显得十分丰满，仿佛珊瑚仍在茁壮成长。

云盆石又称石鱼池，位于御花园中部，此石长1.9米，色呈青灰，质地疏松，全石如一横卧长盆，中间低凹，如长湖、如云盆，这是在石灰岩的溶洞中长成的奇石。

当水在岩壁上不断地侵蚀、流动时，水中溶解了碳酸钙，含碳酸钙的水慢慢地蒸发，碳酸钙被沉积下来。又由于水在不断地流动，在沉积的过程中，形成了一个个云片状凹形的波纹槽，这就是云盆的形成过程。云盆在明代时，在每个凹槽内盛水养鱼，因此又称"石鱼池"。

在御花园绛雪轩前面的石座上，挺立着一块高1.3米的厚木板，形似久经曝晒的一段朽木，背面还有无数虫蛀的小孔，但用手一摸它却是石材，是远古的木化石。

这块木化石正面刻有乾隆所题的诗：

不记投河日，宛逢变石年。

磕敲自铿尔，节理尚依然。

旁侧枝都谢，直长本自坚。

康干虽岁贡，逊此一峰全。

题诗时间是"乾隆丙戌正月"，已经有200多年了。

在御花园绛雪轩前还有一奇石似龙，此石高0.8米，青灰色，皱襞丰富，线条流畅，形象生动，势似奔腾的青龙，龙首仰视苍穹，不可一世。据考证，是英石中的珍品，叩之有声。

御花园钦安殿西侧，立有一块英石，高约1.48米，宽1.4米，厚不足0.3米，石体变化丰富，似龙似狮，变幻莫测。石表面上部粗糙，下部光滑，沟壑零落。石体青灰，石质严密，击之声音清越。

钦安殿东侧的东便门外，立有一块灵璧石，高1.97米，通体呈矩形，背面切削平整，正面沟壑纵横，凹凸起伏，皆为水流冲刷所致，使人感到自然的造化之功。汉白玉长方形的底座，为元代方台。

御花园东南部有一块太湖石，高约4米，呈上大下小形势。通体孔洞疏落，涡穴浅薄，石质均匀，颜色温润。此石置于砖花台座上。

砖座采用六角形须弥座结构，砖座上部环绕砖制钩栏，六角十二柱。据文献记载，此太湖石从后来迁入，与砖座不是原配，但太湖石

本身甚为秀美，颇具古风。

御花园天一门西侧有一块块状笋石，通高仅0.8米，青褐两色相间。在我国的古典园林中，笋石通常取细高者，块状的还不多见。

此石正面石核全部脱落，正是笋石成熟的标志。此石可能出自云南石林，端严挺立于长方八角形汉白玉须弥座上。

奔兔石位于御花园澄瑞亭外，石高0.42米，色呈黑灰，表面温润，质地坚密，敲之有声。石体隐含白色岩脉，侧视似驻足的奔兔，静中有动，极富情趣。置汉白玉雕石盆中，盆周浮雕有白兔嬉戏林石中间，十分精美。盆下为高腰莲花瓣石雕须弥座。

卵石路在御花园的通道上，以各种颜色的小卵石砌嵌而成各种图案轮廓，这些五色小卵石大部分为各色石英石。每幅图案又有独立的内容，有花鸟虫鱼、人物故事、树木丛林和楼台殿阁等，各尽其妙。总数约900余幅，可以说是古代劳动人民智慧的杰作。

从乾清宫进入幽雅闲逸的御花园，在琼苑西门入口处，红墙边立一太湖石，灰色，高约1.63米，含粗壮红白两色岩脉及结晶体，石体孔洞勾连，变化丰富，整体造型呈昂然上拔之势，太湖石立在雕刻有藩莲缠枝雕花石座上。

御花园园内的古树很多，粗略统计大概有160多棵，树龄大多数都在300年以上，苍松翠柏，千姿百态，各领风骚。

在钦安殿前有一连理柏占据显位，树的两根分别位于故宫中轴线的两侧，于一米多高处合二为一，正值中轴线上方变为一棵。

相传两树自动结伴，心往一处想、坚贞不屈，因而感动上苍，使之融为一体，人们叫它连理树，象征纯真的爱情，因而引来了不少痴情男女与它相拥。

位于堆秀山东侧有一棵古柏，被封为"遮荫侯"。它在园中名气最大。此树高7.8米，树围0.9米。

它虽貌不出众，所在的位置也不显赫，但怎么会得此殊荣呢？

相传有一年，乾隆下江南，天气很热，随行的大臣等个个汗流浃背，唯有乾隆爽身惬意。回朝后，乾隆皇帝在园中游玩来到此树前，一太监奉承道：皇上去江南时此树枯萎。皇上一回来此树又茂盛起来了，看来是此树随皇上一同去了江南。

乾隆一想，去江南的路上别人大汗淋淋，而自己

却很凉爽，再听太监这么一说，想必此树暗中为我遮阴，不禁心中大喜，便赐封此古柏为"遮荫侯"。后来还为它题写了《柏树行》刻在石碑上，碑就在树旁的璃藻堂西墙上。

园中的名贵古树还有很多，如卧龙松和龙爪槐等，这些古树虽老态龙钟，但枝繁叶茂，每天迎接着众人前来观赏驻足。

御花园为保留最古的宫内苑囿，其景色特点与一般以山水为主题的皇家园林有很大的不同，归纳起来可概括为四点。

一是布局对称严谨。御花园中间有条明确的轴线，主要建筑及园林小品皆相对布置。如花园的西北一带，由位育斋至千秋亭，与园东北一带的璃藻堂至万春亭的建筑，从形式到布局，都采用了一左一右和两两成双的对称式，包括建筑的命名也取对仗的办法，如金香对玉翠，浮碧对澄瑞，万春对千秋等。

这种工整的布局，严格的对称，在一般园林建筑中是很少见的，御花园因地制宜大胆采用了这一形式，主要是为了与整个故宫布局相协调。

然而，尽管建筑形式与格局如此对称，但由于假山、树木、环境景观的不同处理，却没有给人以雷同的感觉，表现出我国古代园林艺术的高超水平。

二是多古树名木。花园建造年久，故园内多古松古柏，其美丽如画的姿态，苍翠的绿色，给这座特殊的园林增添了不少古雅之美。

三是建筑的密度高。一般的园林内都有山水等自然风光，但御花

园居深宫禁帏，受宗法礼制思想之影响，在总体上仍然是故宫建筑群的延伸，因此，园内建筑很多，亭、殿、馆、所较密集，呈现出一种特殊的园林风貌。

四是彩石路面，古朴别致。园内甬路均以不同颜色的卵石精心铺砌而成，组成900余幅不同的图案，有人物、花卉、景物、戏剧、典故等，沿路观赏，妙趣无穷。

知识点滴

在御花园中，诸葛拜北斗石的南边，有一块英德石的"云盆"。此云盆长一米、宽40厘米、深20厘米，盆内水中有我国四大名石之一的雨花石，雨花石有姿有色，红颜常驻永不凋谢，养于清泉，令人心旷神怡，很受人们的青睐。它以纹理美取胜，质地细腻而又温润莹澈。

明代开国皇帝朱元璋喜雨花石，在他60大寿时，他的孙子朱允炆用雨花石拼成"万寿无疆"四个大字，连同一个形似寿桃的雨花石一起作为寿礼献给皇祖，朱元璋龙颜大悦，后来就把皇帝位传给了朱允炆，他就是历史上的建文帝。

清代乾隆皇帝也很喜爱雨花石，现在故宫收藏乾隆皇帝赏玩过的雨花石，其中一枚是呈现出苍龙图案的"祥龙石"，弥足珍贵。

建福宫花园

　　建福宫花园，始建于1740年，面积4000多平方米，总建筑面积为2800多平方米。建福宫花园院落层次分明，建筑以延春阁为中心，四周有敬胜斋、吉云楼等十几处古建。

　　作为皇帝休闲放松的场所，建福宫花园与故宫整个的结构不同，集宫、殿、楼、阁、斋、堂、亭、轩于一体，是紫禁城内空间变化最丰富的院落。

　　由于乾隆皇帝的钟爱，1771年修建的宁寿宫花园就是以建福宫花园为蓝图。

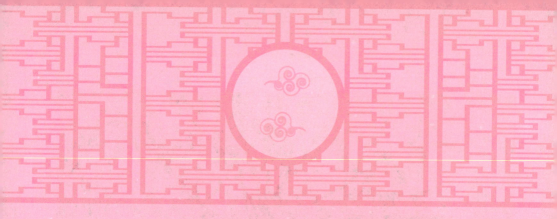

太子居住的神秘花园

　　在紫禁城的后半部分，位于中轴线的北端，有三座花园，居中者在乾清宫后面，叫作御花园。位于中轴线东北部的有宁寿宫花园，又

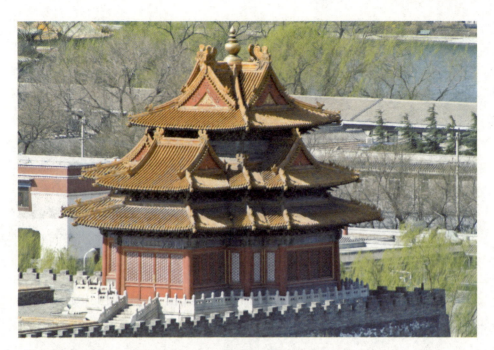

称乾隆花园。位于中轴线西北部的即是建福宫花园。

　　早在明代建造皇宫时期，这里就是一处神秘的宫殿，是西六宫之一，称西五所，是专门供皇太子居住的场所。"皇太子"，也就是"王储"和"准君王"，这种金贵人物历代都受特殊保护，除了他的父母和师爷外，一般文武官员不许接近。

　　就是应皇帝之召，进宫到金銮殿或乾清宫面见君王的大臣或皇帝本家的亲王，也是不许随便进入的。因此，即便是在宫中侍候皇上多年的大臣，对于这处宫殿内部的奥秘，也不甚知晓。

　　紫禁城号称三宫六院，有许多地方是供神的地方。历代皇帝都宣扬"君权神授"，认为天地万物是由"神"创造的，皇上和皇子皇孙，都是上天的子孙，是要受神保护的。进入这处有神仙塑像和终日焚香燃烛的宫殿，去看那些栩栩如生喜怒无常的神仙，既让人敬畏又使人肃然起敬。

　　建福宫花园建于1740年，其东为重华宫，南为建福宫，西面和北面是高高的宫墙。乾隆少年时代就是以皇太子的身份在这里度过的，在他继皇位后，将这里改建为建福宫花园，作为他休息和游乐的场所。

　　建福宫花园是参照江南园林设计的宫中之园，占地面积近5000平方米。园中建筑形式各不相同，亭台楼阁游廊曲折，高低错落，配置山石树木，景色秀丽典雅，深得乾隆皇帝的喜爱。

　　乾隆皇帝和皇后、皇太后经常来此休息赏景。除近侍大臣外，通常的文武大臣是不许进入的。乾隆喜欢写诗，有文献记载，在他的诗集中，至少有10多首是写建福宫花园的。花园里宫殿的匾额和楹联中，也有许多是乾隆皇帝亲自题写的。

　　乾隆皇帝特别喜欢"五福"这个字眼，有一副楹联是这样写的：

交泰三阳肇羲象；

敛时五福协箕畴。

　　大意是说三阳开泰和五福临门，乃是皇家的吉祥用语，也是民间常用的对联。

乾隆皇帝还写过一首《御制建福宫赋》，说建福花园之建筑是利用旧时宫殿改建的，俭而不陋，宫墙不扩，幽而静怡。

他说他不赞成汉制之奢，峻宇雕墙，酒池肉林，应当居安思危，进贤纳谏，敛时五福，不要贪图安逸，此乃"建福"之本意。乾隆御制诗云：

> 腊雪犹然鸳鸯瓦，东风全不发绫花。
> 愿将建福宫中福，赐予寰区万姓家。

乾隆喜好写诗，亦好安静。建福宫花园有静怡轩。诗云：

> 意静则身怡，文轩并得之。
> 一时兹避暑，两岁未言诗。
> 纱牖风轻送，石阶旭渐移。

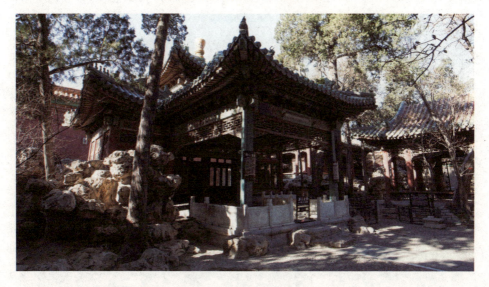

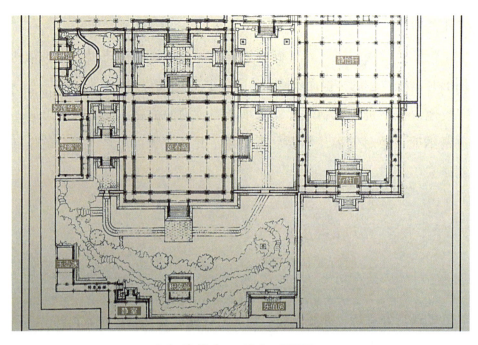

当年结构意，孤矣不堪思。

　　建福宫花园格局是以宏伟的延春阁和宽敞的静怡轩为主，周围有玉壶冰、凝晖堂、妙莲花室、碧琳馆、敬胜斋、吉云楼、慧曜楼、积翠亭等建筑环绕。

　　这里的建筑布局错落，构思精巧。以游廊的设计特色鲜明，不仅起到划分空间的作用，而且使各个建筑物巧妙相连，造成虚实相间的艺术效果，一反皇宫花园四平八稳的风格。乾隆喜欢在这里休息、游乐，也常在此吟诗，高兴时就召见能文能诗的近臣在此一唱一和。

　　建福宫花园为帝后休憩、娱乐的场所。建福宫花园坐北朝南，以延春阁为中心，周围散布有敬胜斋、碧琳馆、凝晖堂等建筑。

　　这些建筑高低错落，内以游廊相连，并配有山石树木，虚实得当，堪称融皇家园林与江南私家园林艺术特色于一体的佳作。

　　而且它布局十分独特，不像御花园、慈宁花园等皇宫花园追求左右平衡对称，因此在我国古代宫廷园林中占有特殊的地位。

　　乾西五所是内廷西六宫以北五座院落的统称。乾西五所与东路的乾东五所相对称，由东向西分别称为头所、二所、三所、四所和五所，每所均为南北三进院，原为皇子的所居。

　　乾隆皇帝即位之后，将乾西二所升为重华宫，头所改为漱芳斋并建戏台，三所改为重华宫厨房，而后拆建四、五所改建建福宫及花园，从而彻底改变了乾西五所原有的规整格局。

　　建福宫花园一组建筑，东一路以轴线控制，布局不失皇家建筑的严谨气氛。西一路以延春阁为中心向心布局，建筑形式也多体现了乾隆时期灵活多变和丰富多彩的特点。

　　园内是一个以静怡轩、慧曜楼一组建筑为主体的院落，甚为封闭、安谧。西边以延春阁为主体建筑，倚宫墙建有吉云楼、敬胜斋、碧琳馆、妙莲华室和凝晖堂。它们不仅以富华艳丽的建筑立面遮蔽了平直的宫墙，而且在一片楼宇花廊纵横的空间里衬托出延春阁的高耸和宏伟。延春阁的南边，叠石为山，岩洞磴道，幽邃曲折，古木丛篁

中，饶有林岚佳趣。

凝晖堂面东，3间，以南室"三友轩"称著。1747年，乾隆帝以旧藏曹知白十八公图、元人君子林图、元人梅花合卷庋轩中。岁寒三友深为乾隆帝所喜爱，遂以"三友轩"颜额，并御制三友轩长诗，书以巨幅悬于轩内。

除藏三友珍品外，另在三友轩窗外种植松竹梅更是内外相呼应。堂中有联道：

十二灵文转宝炬；

三千净土荫慈云。

读之联句，如入佛门之地，可知此地曾为供佛之处。

妙莲华室，有联道：

青莲法界本清净，白毫相光常满圆；

转谛在语言而外，悟机得真实之中。

碧琳馆为一座依山而建的小巧玲珑的建筑，馆前叠石种植竹、桧，大有"咫尺间，缥缈蓬壶趣"的意境。

延春阁平面呈方形，面各五间，周围廊，二层出平座，四面各三间。《国朝宫史》记载有"阁内南面匾曰、联曰；东室门上匾、西室门上匾、东次室联、东西室内匾、右室联、西面匾、左室匾、右室匾；二层楼上匾、最上楼匾"等语。从记载来看，延春阁虽然外观二层，内实为3层，为明二暗三有夹层的楼阁式做法，其中底层间隔较多。宁寿宫花园的符望阁仿延春阁所建，因其底层分布复杂多变，真真假假变幻其中，身临其境难辨东西南北，因有迷楼之称，由此延春阁布局之复杂可想而知。

　　乾隆皇帝对建福宫情有独钟，他为太子时曾居住于此地，登基以后又命工匠对建福宫进行翻修、扩建，并将许多名贵书画、古玩珍藏于此，成为其主要游览休息场所之一。

　　至清末，像敬胜斋这样的建筑，基本为堆放珍宝所用。不仅如此，一些楼阁平时还供奉不少金佛、金塔及各种金质的法器和藏文经版以及清代九位皇帝的画像、行乐图和名人字画、古玩等，连溥仪结婚时的全部礼品也都存放于此。

知识点滴

园内各具特色的建筑

　　敬胜斋外观九间，内分为东西两部分，东五间与延春阁正对，两侧接游廊与阁相连。室内阁上有匾为："旰食宵衣"，是对帝王废寝忘食，勤于政事的赞誉。斋西四间偏于花园的西北角，为1743年，在

西墙西移后所添建的。

　　慧曜楼是在1757年增建的一所佛楼。这是建福宫及其花园自1742年始建后最后建成的一座建筑。

　　慧曜楼楼进深一间，面阔七间，上下二层，楼梯设在东侧，供上下，楼内曾供有佛像若干尊，还有残坏的石佛座存于每间之中。由于地域狭窄，房屋进深小，因此将后檐柱包砌于北宫墙，以增加进深，扩大室内空间。

　　建福门是在清乾隆年间随建福宫而建的，是建福宫南出之主要门户。琉璃门一座，开大门两扇，东西各有随墙角门一座，门内为抚辰殿。

　　抚辰殿，面阔三间，卷棚歇山顶，蓝琉璃瓦顶绿琉璃瓦剪边，前后带廊，后廊左右接抄手游廊与建福宫相连，构成一进封闭的院落。

　　惠风亭位于建福宫后庭院的中央，正方形，面阔各三间，重檐攒尖顶，上覆紫色琉璃瓦，孔雀蓝琉璃瓦剪边，白石须弥座台基，周以白石栏板、云纹望柱，秀美中亦显庄重典雅。

静怡轩面阔五间，进深三间，三卷勾连搭式屋顶，周围廊，前檐出抱厦三间，左右有游廊与前矮垣相接，自成体系。

西侧游廊在这里既作为静怡轩院的西院墙，又辟垂花门与花园相连，使静怡轩作为建福宫的寝宫，既不能离开轴线，又与花园相连。这种宫苑相间的布局手法，运用得十分得当。

静怡轩在东一路建筑中属体量较大的一座，由于它采用三卷勾连搭式的屋顶，而不是像庑殿顶和歇山顶那样有着高高的正脊，因此虽然占地面积较大，但并没有建筑高突的感觉。

相反，三卷勾连搭式的屋顶，曲线优美坡度平缓，作为园中之寝，其建筑形式又与园林建筑相和谐，也是宫殿区有别园林区的一种过渡形式。静怡轩被视为建福宫的寝宫，是乾隆皇帝为守制所居而建。

然而"当年结构意，孤矣不堪思"，乾隆为皇太后守制时未能在

此居住，不能遂初葺之意而发忧伤之感。在伤感之中，又感慨"城市人烟遮倍常，只有静怡犹凉爽"，曾有两年的时间在这里避暑，亦不曾作诗，以体验"意静身则怡"的意境。

乾隆喜欢古玩文物珍宝，御览之后，就选其最佳者珍藏在此。乾隆当了60年皇帝，谁也不知道，他在这里收藏了多少珍宝，然而，近臣皆知，当时的建福宫花园是一座当之无愧的珍宝仓库。

乾隆去世后，嘉庆皇帝曾下令将此处收藏的珍宝、玩物全部原殿加锁封存。以后，历经道光、咸丰、同治、光绪诸朝，谁也没有启封，更没有查库。

清末代皇帝溥仪被准许继续居住在后宫，生活供应由政府提供。溥仪喜欢建福宫花园，就把它稍加装修，居住在里面。他曾开启过少数仓库，看到过那里面存放的大量珍宝，他还登上屋顶天沟观看宫殿风光。

对溥仪来说，这里也是一个神秘的地方。后来的一天夜里，建福宫花园内的敬胜斋突然发生神秘的火灾。整个花园建筑夷为平地。

那座一度华美绝伦的建福宫西花园，以遗址的形式，从此隐匿宫墙深处，不为人识。后来，经故宫博物院设计施工，历经五年，这座宫廷园林建筑在废墟之上重现。

知识点滴

一尊雕花刻草但已四分五裂的石礅在古建工人的清刷后显出了雕刻手法的精湛，但碎石难圆却使人遗憾。在建福宫花园复建工程现场，工人正在对石礅断裂面进行清洁，然后用环氧树脂粘合，24小时后完整的石礅表面仅能看到裂纹。

粘结的石质文物在不受外力"破坏"的情况下能够保持100年以上，而为保证建福宫花园的"原汁原味"，该黏结拼补技术在故宫古建恢复工程中第一次大量使用。

残损的石刻、石座、石墩、石饰上大量粘结技术的运用，最终能够使建福宫花园最大限度地再现1923年被大火焚毁前的宏大、壮丽。

慈宁宫花园

　　慈宁宫花园，位于内廷外西路慈宁宫西南，是明清太皇太后、皇太后及太妃嫔们的游憩和礼佛之处。

　　花园南北长约130米，东西宽50米，总占地面积6800平方米。园中仅有建筑11座，占地不到总面积的五分之一，集中于花园北部。南部则地势平坦开阔，莳花种树，叠石垒池，意在使太后、太妃嫔们不费跋涉之劳而得山林之趣。

　　在礼制森严的紫禁城中，受礼制、宗法、风水等因素制约，慈宁宫花园是唯一能令前代后妃们寻得心灵慰藉的轻松所在。

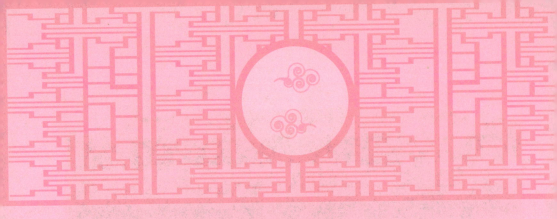

前朝妃嫔居所内的花园

　　慈宁宫，始建于1536年，明朝时为前代皇贵妃所居。清朝的前期和中期是慈宁宫的兴盛时期，当时的孝庄文皇后和孝圣宪皇后都先后在这里居住过。

　　顺治、康熙和乾隆三帝以孝出名，他们经常在慈宁宫举行为太后庆寿的大典。

　　慈宁宫门前有一东西向的狭长广场，两端分别是永康左门和永康右门，南侧为长信门。慈宁门位于广场北侧，内有高台甬道与正殿慈宁宫相通。

　　院内东西两侧为廊庑，折向南与慈宁门相接，北向直抵后寝殿的东西耳房。前院东西庑正中各开一门，东为徽音左门，西为徽音右门。

　　正殿慈宁宫居中，前后出廊，黄琉璃瓦重檐歇山顶。面阔七间，当中五间各开四扇双交四椀菱花槅扇门。两梢间为砖砌坎墙，各开四扇双交四椀菱花槅扇窗。殿前出月台，正面出三阶，左右各出一阶，台上陈鎏金铜香炉4座。东西两山设卡墙，各开垂花门，可通后院。

清代慈宁宫正殿悬挂着乾隆皇帝的御笔"宝箓骈禧"和"庆隆尊养"两副横匾，对联是：

爱日舒长，兰殿春晖凝彩仗；
慈云环阴，萱庭佳气接蓬山。

按照封建礼仪，皇帝不能与前朝妃嫔同居东西六宫。为了安置业已归天的老皇帝的妃嫔，特地建造了慈宁宫供她们居住。

1769年，乾隆皇帝在明代早期建筑仁寿宫的旧址上改建成慈宁花园，是明清两朝太皇太后、皇太后及太妃嫔们游憩和礼佛的场所。

花园中原有临溪观和咸若亭等建筑，后来在明万历十一年（1593年）改名为临溪亭、咸若馆。清乾隆三十四年（1769年）进行大规模改建，此后虽"颇有更动"，但花园总的规模和布局始终没有大的变化。

　　花园的揽胜门内，叠有山石，起了"开门见山"的障景作用。山石之后，花坛上万紫千红，衬映出跨池而建的临溪亭。池亭周围，又有含清斋、延寿堂和东西配房相向而立，使临溪亭自然地成为花园南部的观赏中心。

　　花园北部的咸若馆，是全园的主体建筑，馆北有慈荫楼，东厢是宝相楼，西厢为吉云楼，围成半封闭的三合院。

　　咸若馆为清代太后和太妃们的礼佛之所。明代初建时称为咸若亭，后来的万历皇帝更名为咸若馆。清乾隆年间先后大修和改建，形成后来的规模。

　　咸若馆坐北朝南，正殿五间，前出抱厦三间，四周出围廊。正殿为黄琉璃瓦歇山式顶，抱厦为黄琉璃瓦卷棚式顶。

　　馆内装饰考究别致，梁檩上的龙凤和玺彩画灿然生辉，顶部的海墁花卉天花清丽淡雅。室内明间柱子的装饰颇具藏式佛殿之意味。贯通东、北、西三面墙壁的通连式金漆毗庐帽梯级大佛龛，给人以庄严神秘和佛法无边之感。

　　馆内悬有清乾隆皇帝御书的"寿国香台"匾，两侧悬有一副对联：

证最胜因金界庄严欢喜地；

赞无量寿宝轮拥护吉祥云。

　　并陈设龛、案、佛像、法器、供物等。

　　临溪亭始建于1578年，原名临溪馆，万历年间更名为临溪亭。

　　临溪亭位于花园中部偏南，建在矩形水池当中之单孔砖石券桥上，东西两面临水，南北出阶，与花园南面的入口和假山以及北部的咸若馆、慈荫楼同处于院落南北中轴线上。

　　亭平面方形，面阔、进深各三间，四面均当中开门，斜方格槅扇门各四扇，两侧皆为斜方格槛窗，窗下槛墙贴饰精美的黄绿色琉璃花砖，临水两侧门前加设木护栏。

亭之屋顶为四角攒尖式样，黄琉璃瓦绿剪边，檐下施斗栱。室内为花卉图案海墁天花，当心绘蟠龙藻井。

临溪亭东西两侧池畔环以汉白玉望柱栏板，池水清澈见底，池中游鱼自得，莲花芬芳。亭南北各有一座砖砌花坛，高1米，6.5米见方，种植牡丹、芍药等花卉。

花坛四周空地上散植柏树数十棵，其间穿插玉兰、丁香，通向临溪亭的小路将之划分为四片花木扶疏的小树林。临溪亭处于树影碧波环绕中，意境清雅，是皇太后、太妃嫔们游园休憩和赏花观鱼的绝佳场所。

知识点滴

清皇室入住故宫后，延续了明朝制度，于是，1653年，慈宁宫迎来了一位伟大的皇太后孝庄太后。

史料记载，从这一时期开始直到清统治中期，都是慈宁宫的兴盛时期。慈宁宫也经常为太后举行大型的宫廷仪式。凡遇皇太后圣寿节、上徽号、进册宝和公主下嫁等喜庆活动，都会在这里举行盛大的庆贺仪式。特别是太后寿辰，皇帝会亲自率众行礼，并和近支皇戚一同彩衣起舞，礼节十分隆重。

历史上，清朝的许多皇帝都是出了名地孝顺。孝庄太后患重病久治不愈，让不信神的康熙帝焦急万分，最后他放弃了自己的无神论信仰，在慈宁宫举行了一场类似于诸葛亮"禳星"般的庞大祭祀仪式，祈求上天让自己减寿，以换得祖母康复。

这样的故事，在我国整个封建史上来说都是极为罕见的。

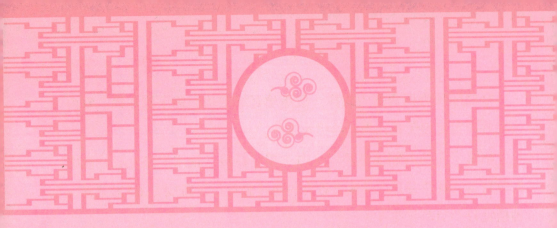

超凡脱俗的各处礼佛建筑

　　宝相楼位于慈宁宫花园北部，原先是明代咸若馆的东配殿，在清代的乾隆年间，被改建为楼式建筑，是园中主体建筑咸若馆的东配楼，是清代皇太后和太妃们的礼佛之所。

宝相楼坐东面西，为上下两层，面阔七间，绿琉璃瓦黄剪边卷棚歇山式顶。前檐出廊，明间开门。下层南北墙各辟一小门，门内为楼梯间，循梯而上即可至二层。

上下层均隔为既连通又独立成室的七间佛堂，除明间外，其余六间均于下层天花处开天井，使上下两层因天井而贯通，上层环天井设紫檀木围栏。

楼下明间原供释迦佛立像，其余六间分置"大清乾隆壬寅年敬造"款掐丝珐琅大佛塔六座，塔顶直达天井口。塔周围三面墙壁上均挂通壁大唐卡，共画护法神像54尊。

楼上明间原供木雕金漆宗喀巴像，三面墙壁挂释迦画传、宗喀巴画传唐卡。其余六间正面设供案，供显、密主尊像，每室9尊，共54尊，与楼下六室所供54尊护法神像相对应；两侧面设壁嵌式千佛龛，每间供小铜像122尊，6室共计732尊；千佛龛下为壁隔式紫檀木经柜，藏贮各种佛经。

宝相楼除明间外，其余六室依显宗、密宗、事部、行部、瑜伽部、无上瑜伽部父续、无上瑜伽部母续分别配供佛像、唐卡、供器，集显宗和密宗为一体，体现了藏传佛教格鲁派显密兼修的修持特色，成为清宫佛堂的一种重要模式，清宫档案中称之为"六品佛楼"。

在咸若馆西侧为吉云楼，坐西面东，面阔七间，东与宝相楼相对。明代原为咸若馆西配殿，后来改建为二层楼阁，上悬有满汉两文书写的"吉云楼"匾。

楼的上下两室内正中均供有大尊佛像。佛像两侧各有一个长方形底座及多层台阶的金字塔式供台，供台顶部是一道长墙式的千佛龛。供台上层层摆放五彩描金擦擦佛母像。

四壁和屋梁各处满做千佛龛，内供相同的五彩描金擦擦佛母像，

共计10000余尊，是为宫内一处名副其实的万佛楼。

这种专供擦擦佛的殿堂可能是内地藏传佛殿中仅存者，西藏也未见有实例，是极其珍贵的佛教遗迹。

慈荫楼是清宫内的藏经楼，位于慈宁花园北端、咸若馆后。慈荫楼坐北朝南，上下两层，各面阔五间，绿琉璃瓦黄剪边卷棚歇山顶。下层东稍间为过道，前后设门，可通慈宁宫，西墙开门通室内。

上层明间开门，次、梢间为槛窗，西梢间设楼梯。北壁设通壁的供经龛，曾供藏著名的北京版藏文大藏经《甘珠尔经》108部。正中是佛龛，供奉释迦牟尼佛等金铜佛多尊。龛前有长供案，陈设佛塔和供器等物。

含清斋位于慈宁宫花园内东侧、宝相楼以南，与西侧延寿堂对称而立。含清斋坐北朝南，房前为一狭长小院，院西侧开随墙小门。

主体建筑以天井分作前后两部分，前房面阔三间，进深三间，平

面略呈方形，覆三卷勾连搭式灰瓦卷棚硬山顶。后房面阔三间，进深一间，灰瓦卷棚硬山顶。前后房之西次间当中有穿廊相通，前后房之西山墙以院墙连为一体，使含清斋外观看去仿佛一座独立的小院。

前房明间开槅扇门，其余为槛墙支摘窗。后房西墙开一花窗，外设砖砌窗罩。穿廊朝向天井一侧开步步锦槅扇门。斋内以装修隔为小室，分隔形式灵活。

整座建筑灰瓦、青砖，不施斗栱、彩画，装饰朴素，色彩淡雅，在慈宁宫花园浓荫茂木的掩映中，颇具江南建筑的情趣。斋前楹联为：

轩楹无藻饰；

几席有余清。

正是其朴素的建筑风格的写照。

至于因何修建含清斋，乾隆皇帝曾在《建福宫题句》自注中写道：

> 慈宁宫花园葺朴宇数间，以备慈躬或不豫，为日夜侍奉汤药之所，丁酉正月即以为苫次。

1777年，乾隆的母亲孝圣太后崩逝，奉安于慈宁宫正殿，乾隆皇帝确于含清斋守孝。后因王公大臣恳请，又返回养心殿居住。

延寿堂位于慈宁宫花园内西侧、吉云楼以南，紧邻花园西墙，东与含清斋对称。延寿堂坐北面南，房前为一狭长小院，院东侧开随墙小门。

主体建筑以天井分作前后两部分，前后房之东次间当中有穿廊相

通。前后房之东山墙以院墙相衔接。前房明间开槅扇门，其余为槛墙支摘窗。后房东墙开一花窗，外设砖砌窗罩。穿廊朝向天井一侧开步步锦槅扇门。

室内以落地罩、炕罩、圆光罩等木装修隔成多个小空间，顶棚糊银花纸，墙壁有木护墙板，表面亦糊银花纸，制作精细而不奢华。

堂前楹联为：

梳翎闲看松间鹤；

送响时闻院外钟。

生动地将建筑的意境与慈宁宫花园超凡脱俗的情调融汇起来。

延寿堂与含清斋同时修建，亦为乾隆皇帝侍奉太后或丁忧守制之用。清朝后期咸丰皇帝奉皇太后至咸若馆等处礼佛曾侍膳于此。

慈宁宫花园由于受礼制、宗法和风水等多种因素制约，建筑按照主次相辅、左右对称的格局安排，布局规整严谨却略显单调，主要依靠内部精巧的装修和院落中的水池、山石以及品种繁多的花木来烘托浓厚的园林气氛。

园中树木以松柏为主，间有梧桐、银杏、玉兰和丁香，集中分布在咸若馆前和临溪亭周围，花坛中则密植牡丹、芍药。其春华秋实，晨昏四季，各有不同的情趣。

畅春园

　　畅春园，位于北京海淀区，圆明园南。原址是明朝明神宗的外祖父李伟修建的"清华园"。

　　园内有前湖、后湖、挹海堂、清雅亭、听水音和花聚亭等山水建筑。根据明朝笔记史料推测，该园占地约0.8平方千米，被称为"京师第一名园"。

　　清代，利用清华园残存的水脉山石，在其旧址上仿江南山水营建畅春园，作为在郊外避暑听政的离宫。园林山水总体设计由宫廷画师叶洮负责，聘请江南园匠张然叠山理水，同时整修万泉河水系，将河水引入园中。为防止水患，还在园西面修建了西堤。

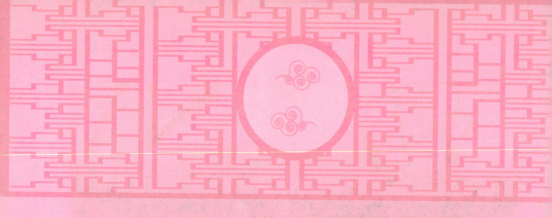

康熙为避喧听政建造园林

北京的地形西北高，东南低，由西向东逐渐倾斜。西郊一带正处于西山山脉与平原的交接处，地多为丘陵式，地下水源十分充足。

元明清时期，这一带多泉水和溪水，远衬苍翠西山，层峦叠嶂，碧水清澈，风光秀丽，有如江南水乡，塞外绿洲。

京城的文人墨客经常到此游玩唱和，留下了大量称述此地风光之美的诗文。

明代著名书画家文徵明用诗句来吟诵西郊山水：

十里青山行画里，
双飞白鸟似江南。

　　一代文豪曹雪芹的祖父曾写下"雁被西风驱遣，人被西山留恋"的佳句。清代学者吴长元在《宸垣识略》一书中描写这一带：

　　　　流泉满道，或注荒地，或伏草径，或散漫尘沙间。春
　　　夏之交，晴云碧树，花香鸟声，秋则乱叶飘丹，冬则积雪凝
　　　素。

　　这些诗文十分形象地描写出了这里景色自然天成、怡人心神、婀娜旖旎。正因为如此，这里就成为当时在京城营造园林的首选之地。

　　远在辽金时代，当时的皇家贵戚就已经在此地修建离宫别院，作为他们游玩休憩之地。

　　在玉泉山下，辽代建有行宫，金代建有离宫芙蓉殿，元代建有昭

化寺。

从明代开始，除了皇家贵戚继续在此大规模修建离宫别苑以外，当时的达官显宦和文人学士也开始营建自己的私家园林。

到明代中叶时，北京西郊一带的园林日益增多，渐渐形成规模。在这些众多的私家园林中，最享盛誉的当数武清侯李伟所建的清华园和著名书画家米万钟所建的勺园。清华园又称为"李园"，被誉为"京师第一名园"。

园主李伟是万历皇帝朱翊钧的生母李太后的父亲，官封武清侯，权倾朝野。因而他的清华园就建造得规模宏伟，富丽堂皇，与其身份十分相称。

据《春明梦余录》和《明水轩日记》等笔记所载，清华园园域十分广阔，方圆达十华里。并引西山泉水，汇入园中湖泊，水面占了园林面积的大半。《明水轩日记》中说：

清华园，前后重湖，一望漾渺，在都下为名园第一……若以水论，江淮以北，亦当第一也。

可见当时在建园造景时就已经充分利用了当地水资源充足的有利

条件。园中楼台亭榭一应俱全，登上园中的楼台西望，便可将西山秀色饱收于眼底。

园中除了大量从产石名地灵璧、太湖、锦川运来的各种怪石以外，还有柳堤10千米，名花数万种，"牡丹以千计，芍药以万计"，这里因此有了"柳堤花海"的美誉。

像这样的私家园林，就其规模之大和景物之美而言，在全国范围内也不多见。明末清初，由于战火这座名园也随之荒败废弃了。

清朝前期，政局比较稳定，经济逐渐发展。康熙于1684年和1689年末微服出巡，进行了两次南巡，十分喜爱江南山水之美，就想把江南的风景移到京城内。当他看到清华园遗址一带地势平阔，景色秀美，不禁赞叹道：

沃野平畴，澄波远岫，绮和绣错，盖神皋之胜区也。

便降旨命吴人叶陶，在清华园基址上建造第一座皇家"御园"，作为"避喧听政"之所，定名为"畅春园"。园林山水总体设计由宫

廷画师叶洮负责，聘请江南园工匠张然叠山理水，同时整修万泉河水系，将河水引入园中。为防水患，还在园西面修建西堤。

畅春园南北长约1千米，东西宽约600米，占地约0.6平方千米。设有五座园门，分别为大宫门、大东门、小东门、大西门和西北门。

正门在南墙东侧，门内为畅春园的理政和居住区，中路沿中轴线向内依次为大宫门、九经三事殿、二宫门、春晖堂、寿萱春永殿、后罩殿、云涯馆、瑞景轩、延爽楼、鸢飞鱼跃亭。亭北有丁香堤、芝兰堤、桃花堤、前湖和后湖。

东路为澹宁居、龙王庙、剑山、渊鉴斋、藏拙斋、兰藻斋、太朴轩、清溪书屋、小东门、恩慕寺和恩佑寺。西路为玩芳斋、买卖街、无逸斋、菜园、关帝庙、娘娘庙、凝春堂、蕊珠院、观澜榭、集凤轩等景点。

园西出大西门为西花园，有湖泊四处，湖边散落有讨源书屋、观德处、承露轩等建筑，为幼年皇子居住的地方。

畅春园以园林景观为主，建筑朴素，多为小式卷棚瓦顶建筑，不施彩绘。园墙为虎皮石砌筑，堆山则为土阜平冈，不用珍贵湖石。

畅春园内有大量明代遗留的古树、古藤，又种植了腊梅、丁香、玉兰、牡丹、桃、杏、葡萄等花木，林间散布麋鹿、白鹤、孔雀、竹鸡，景色清幽。畅春园这种追求自然朴素的造园风格影响了在其之后落成的避暑山庄和圆明园等皇家宫苑。

九经三事殿是康熙皇帝在畅春园中避喧听政的所在。"九经"的意思是指三礼的"周礼"、"仪礼"、"礼记"；三传的"左传"、"公羊传"、"谷梁传"；三经的"易经"、"书经"、"诗经"。"九经三事"殿即是尊经循礼治理国事之意。

九经三事殿是清朝康熙时大型离宫畅春园正殿，为康熙帝驻跸畅春园时临朝礼仪之所，其作用相当于清紫禁城太和殿和乾清宫一区。

　　根据《日下旧闻考·国朝苑囿》中关于畅春园的记载和现存的样式雷图档来看，九经三事殿面宽七间房左右，周围有游廊，单檐卷棚歇山顶，前有月台，左右应有配殿五间。

　　九经三事殿为常朝，兼有一部分大朝的功能以及雍正后后五朝的圆明园正大光明殿和光绪时的颐和园仁寿殿。

　　九经三事殿为之后清朝宫苑离宫正殿样式之鼻祖，之后的承德避暑山庄澹泊敬诚殿、圆明园正大光明殿、玉泉山静明园廓然大公殿、香山静宜园勤政殿和万寿山清漪园勤政殿都采用了其单檐卷棚歇山，不用琉璃瓦的建筑风格。

知识点滴

　　畅春园里有一棵针叶向下长的松树。

　　话说康熙年间，吴三桂扯起叛旗，他的儿子吴应熊在京师拉拢势力，通风报信。康熙帝听了大学士王熙的建议，把吴应熊囚在狱中。

　　这下可急坏了吴应熊的夫人和硕长公主，公主直奔畅春园的慈宁宫，请求额娘孝庄太皇太后帮忙。但是最后吴应熊还是人头落地了，这不仅大长了清军的士气，还让为祸八年的"三藩"之乱被彻底荡平。

　　此后，康熙不仅亲自过问和硕长公主的生活，还把吴应熊的儿子接到宫里来伴读。孝庄太皇太后不禁感觉在国家危难时刻，为难自己的孙儿康熙帝，很不应该。

　　于是，太皇太后就从家乡移栽了一棵松树在畅春园内，每天在这棵松树下反悔自己的过错。时间一长，这松树的针叶全往下长，像是太皇太后在忏悔。

千叟宴后建恩佑寺和恩慕寺

畅春园是清朝皇帝的一个重要活动场所，它和清室的政局有着千丝万缕的联系，当时的很多大事、逸事都发生在这里。其中比较有名的当数康熙朝的"千叟宴"。

清康熙、雍正、乾隆三朝，史称"康乾盛世"。康熙、乾隆两帝凭借国家雄厚的财力、安定的社会环境，先后几次举行规模宏大的"千叟宴"，为"盛世"添写了一段佳话。

"千叟宴"是清宫中规模

最大，与宴人数最多的盛大御宴。这一盛举肇始于康熙皇帝，而首次举行的地点就在畅春园。

康熙年间，三藩平定，人民得以休养生息，"国家积蓄有余，民间年岁丰稔"，大清帝国呈现出一片繁荣兴旺的景象。

1713年的农历三月十八，是康熙皇帝的60大寿。在此之前，各地官员和富人为了感谢皇帝的"恩泽"，不少老年人为了庆祝皇帝的生日，从新年开始就陆续入京。

康熙看到这种盛况，十分欢喜，同时为了体现自己"与民同乐"和"尊老敬贤"的圣君风范，康熙下诏于三月下旬在畅春园正门前，宴赏65岁以上的祝寿老人。

据记载，三月二十五那天，参加御宴的官吏士庶达到了4240人。三月二十七，又有2605人参加御宴。

在宴会上，由皇子皇孙和宗室人员分别执爵敬酒，分发食品。康

熙对于年过80岁的老人还亲自搀扶，赐酒慰劳。

三月二十八，又召集八旗满蒙汉70岁以上的妇人于畅春园皇太后宫门前参加御宴，由皇太后和康熙帝亲赐茶果酒食，可见御宴的盛况空前。宴毕之后，又各赏白银，并告谕各位老人回家后，要在乡间讲解养老尊贤，尽知孝悌的传统。

1722年，为了博取民心，康熙皇帝又先后召群臣耆老1000余人宴赏于乾清宫。在这次宴席上，康熙即席赋诗《千叟宴》，"千叟宴"之名由此而定。

此后乾隆皇帝也在乾清宫和宁寿宫皇极殿举行过"千叟宴"。这就是被传为佳话的康乾盛世"千叟宴"。后人称誉"千叟宴"是"恩隆礼洽，为万古未有之举"。从乾隆之后各朝再也没有举行过这样的宫廷大宴了。

1723年的清雍正元年，雍正皇帝为追思父亲康熙皇帝，在康熙皇帝晚年长居的清溪书屋的基础上建立了恩佑寺。

恩佑寺的山门为歇山式无梁结构，黄琉璃瓦顶，石券门，券面上饰有缠枝牡丹纹，门额书：

敬建恩佑寺

恩佑寺坐西朝东，山门内横跨三座石桥，原有正殿五间，中奉三世佛，左供药师佛，右供无量寿佛，并在寺内特设专门的宗室供仰康熙皇帝圣像。

恩佑寺供奉的康熙皇帝圣容是雍正皇帝特命十七阿哥、果亲王精心绘制的康熙皇帝遗像，据分析，这是最像康熙皇帝本人晚年时期容貌的画像。

雍正皇帝建恩佑寺，目的就是供奉康熙皇帝遗像，以求康熙皇帝的亡灵保佑他平安。当朝皇帝为先帝建佛寺供奉，这在清朝历史上是绝无仅有的举措。

恩佑寺建成后，雍正皇帝经常去寺院内对康熙皇帝遗像行跪拜礼，从雍正元年（1723年）至雍正十三年（1735年）间从未停止过。

雍正皇帝为父亲修庙荐福，为了表达对父亲的尊敬、恭顺，寺名为"敬建"。而"敕建"给人一种居高临下的感觉，对于父亲是大不敬的，所以恩佑寺就名为"敬建恩佑寺"了。

乾隆皇帝的亲生母亲孝圣宪皇太后很喜欢畅春园，她晚年长期居住在这里。

1777年，太后病逝后，乾隆皇帝十分思念自己的母亲，他就"昭承家法"，仿照父亲的做法，在恩佑寺的旁边建造了恩慕寺，以寄托哀思。

初建成的恩慕寺庙貌严谨，坐西朝东，两进院落，外临通衢，山门内正殿五间，供奉药师佛一尊，左右奉药师佛108尊，南配殿三间供奉弥勒佛，北配殿三间供奉观音像，左右分立石幢，一刻全部药师经，一刻御制恩慕寺瞻礼诗，诗云：

尊养畅春历廿冬，欲求温清更何从？
天唯高矣地惟厚，慕述祖兮思述宗。

恩慕寺的山门为歇山式砖石结构，无木无钉，黄色琉璃瓦顶，象征皇权的至高无上。石拱券门，券面刻有缠枝花纹，以寓富贵仙门。

门额处镶嵌"敬建恩慕寺"，石匾四围刻有仰莲纹饰，样式十分精美。文字为乾隆皇帝御笔亲题，楷法风流，人称"乾隆体"。山门四角处皆有琉璃纹饰，设计精严，

烧工细腻。

二层山门匾额题有"慈云广荫"，大殿匾额题有"福应天人"，殿内匾额题有"慧雨仁风"。两边楹联皆为皇帝御书：

慈福遍人天，祥开佛日；
圣思留法宝，妙现心灯。

整个恩慕寺山门与恩佑寺山门一模一样，不敢越制，但细观赏，该门的工艺水平远高于恩佑寺。这倒不是乾隆皇帝有超越其父之心，而是负责施工的艺人有不让前人之举，要与前贤一比手艺高低。

知识点滴

在康熙当政期间命人在明代清华园故址之上，节略其地，重新划出约0.5平方千米土地，兴修畅春园。

一待园成，康熙就从紫禁城搬到了这处山水园林处驻跸。国事日见承平，康熙离开紫禁城园居的时间也越来越长，自称"避喧听政"。

1707年，康熙决定在紧挨畅春园、一处名叫挂甲屯的地方，给皇四子胤禛，即后来的雍正帝，修建赐园，并指定由宫廷御用设计师"样式雷"负责设计。

不到一年，园子就大体建成。这年冬天，年事已高的康熙按捺不住兴致，率领众人一早就兴冲冲地过来冒寒游园了。

两年后的1709年，信奉佛教的康熙帝为此园正式赐名：圆明园，喻意"圆融普照"。即希望在此读书的皇子胤禛以后能够道德圆融、功业完满至善。